Kontaktadresse nach EU-Produktsicherheitsverordnung:
produktsicherheit@droemer-knaur.de

*Im Knaur Taschenbuch Verlag sind
von der Autorin bereits erschienen:*
Erzengel und das neue Zeitalter
Heilung mit der Kraft der Engel
Mit den Engeln durch das Jahr
Jenseitige Welten
Himmlisches Wissen

Über die Autorin:
Jana Haas stammt aus Kasachstan/Russland und lebt seit 1992 in Deutschland. Von Kindheit an hat sie die Gabe der Hellsichtigkeit. Sie kann die geistige Welt genauso deutlich sehen wie die materielle. Mit dem Wissen, das ihr auf diese Weise zuteilwird, klärt sie die Menschen über die Zusammenhänge der geistigen Welt auf. Sie hält zahlreiche Vorträge, Seminare und Schulungen. Durch Bücher, Kongresse, TV und Presse ist sie einem großen Publikum bekannt geworden. Jana Haas lebt heute am Bodensee.
Weitere Informationen: www.jana-haas.de

Jana Haas

Schutzengel

Wie uns die himmlischen Begleiter
zur Seite stehen

Besuchen Sie uns im Internet:
www.knaur.de

Alle Titel aus dem Bereich MensSana finden Sie im Internet unter:
www.mens-sana.de

Vollständige Taschenbuchausgabe Februar 2013
Knaur Taschenbuch
© 2010 Knaur Verlag
Ein Imprint der Verlagsgruppe Droemer Knaur GmbH & Co. KG, München
Alle Rechte vorbehalten. Das Werk darf – auch teilweise –
nur mit Genehmigung des Verlags wiedergegeben werden.
Redaktion: Mihrican Özdem
Covergestaltung: ZERO Werbeagentur, München
Coverabbildung: Tobias Dempfle
Illustrationen: Gisela Rüger
Printed in Germany
ISBN 978-3-426-87496-7

Inhalt

Vorwort 9

Einleitung 12

1. Der Glaube an den Schutzengel 15

2. Was Schutzengel sind – und was nicht 18
   Schutzengel: unsere persönlichen Begleiter 18
   Aussehen, Namen und Kommunikation
   der Schutzengel 21
   Wie man die Schutzengel wahrnehmen kann 23
   Wie man seinem Schutzengel Fragen stellt 24

3. Schutzengel und Kindheit 28
   Der Glaube an den Schutzengel,
   mit dem Kinder aufwachsen 31
   Wie wir Kinder mit Hilfe der Schutzengel
   unterstützen können 33

4. Wirken des Schutzengels im Lebenslauf –
   am Beispiel der Lebensjahrsiebte 38
   Lebensjahrsiebte 38
   Entwicklungsschwerpunkte und
   das Wirken des Schutzengels 39

5. Das Leben mit Hilfe der Schutzengel meistern 46
   Schutzengel und Lebenssinn 48
   Schutzengel und Selbstliebe 58

Schutzengel und Partnerschaft 65
Schutzengel und Ihr Kind 72
Schutzengel und Mitmenschen 78
Schutzengel im Alltag 81
Schutzengel und Beruf 93
Schutzengel und Gesundheit 96

6. Schutzengelbotschaften, Schutzengelsymbole
und Bildersprache........................... 103
   Achtsamkeit bei Empfang und Übermittlung
   von Schutzengelbotschaften 105
   Prüfen der Richtigkeit von Schutzengelbotschaften –
   die Selbstüberprüfung 110
   Engelbotschaften und Wortwahl 113
   Deutung der Schutzengelwahrnehmung 116
   Symboldeutung für Träume, Engelbotschaften
   und Visionen 123

7. Häufige Fragen zu Schutzengeln 125

8. Wirken der Schutzengel im Alltag: Fallbeispiele ... 142

9. Inneres Wissen der neuen Zeit 147

Anhang 149
   Hinweise zur Autorin 208

*»Alles ist mit allem verbunden,
nichts existiert im Kosmos isoliert,
nur das materielle Gedankengut trennt uns vom
   Ganzen.*

*Nur wenn wir dies begreifen,
uns wieder als einen Teil des Gesamten verstehen
und mit allem schwingen,
können wir unseren Ursprung und unsere Ganzheit
   wahrnehmen.«*

Vorwort

Bereits im alten Schrifttum findet man Hinweise auf Engel. Zu allen Zeiten hat es Menschen gegeben, die sie wahrnehmen und beschreiben konnten. Mit zunehmender Intellektualisierung unserer Gesellschaft nahm die Skepsis gegenüber den uns umgebenden, mit den physischen Augen nicht sichtbaren Welten und Wesen zu. Wenn man die alten Märchen betrachtet, so kamen darin oft Gott, Engel, Feen, Hexen, Waldgeister und weitere Wesenheiten vor. Die Menschen, die damals noch stärker im Einklang mit der Natur lebten, waren auch noch mehr in diese Welten eingebunden und gingen ganz offensichtlich anders damit um. In der griechischen Antike gab es die »Götter«. Bei einem Besuch der Akropolis in Athen im letzten Jahr zusammen mit Jana Haas waren wir alle doch sehr erstaunt, dass wir diese »Götter« dort noch antrafen. Sie leben dort noch in den antiken Stätten, haben aber am Menschen keine Aufgabe mehr. Sie waren die Vermittler zwischen Himmel und Erde und besaßen auch ein eigenes Ego.
Heute ist der Mensch selbst so hoch entwickelt, dass er einen eigenen Zugang zu den geistigen Welten herstellen und halten kann.
Gerade im neuen Zeitalter, wo Veränderungen sogar bereits durch die Quantenphysik nachweisbar werden, kommen sich Himmel und Erde näher. Darum fällt es uns Menschen heute viel leichter, da wir selbst feinstofflicher geworden sind, den Kontakt zu Gott und den Engeln selbst herzustellen. Die geistige Welt erwartet dies geradezu von uns.

Und tief in unserem Inneren tragen wir alle eine gewisse Sehnsucht. Es ist die Sehnsucht nach unserem Ursprung, denn dadurch bleibt der Mensch stets auf der Suche nach seinem Entwicklungsweg. Diese Sehnsucht kann nur gestillt werden, wenn wir unsere geistige Anbindung wieder mehr und mehr vertiefen. In unserer Kultur unterliegen wir leider dem großen Irrglauben, dass diese Sehnsucht von einem Partner befriedigt werden könne. Sie wird deshalb in eine völlig falsche Richtung gelenkt, was sich in den hohen Trennungs- und Scheidungsraten widerspiegelt. Wenn wir begreifen, dass Liebe immer mit Selbstliebe einhergeht, dann können wir auch verstehen, dass sich die Liebe niemals im Außen, sondern nur in unserem tiefsten Inneren finden lässt. Eine Partnerschaft ist dann eine wunderbare Resonanz, eine großartige Ergänzung ohne gegenseitige Erwartungen.
Genauso verhält es sich mit der geistigen Anbindung. Wir finden Gott niemals im Außen, sondern ausschließlich tief im Inneren, in unserem Herzen.
Machen wir uns also auf die Suche, stillen wir unsere Sehnsucht, finden wir Leichtigkeit, Freude und Liebe in uns und auf der Welt.
Die Engel warten darauf und wollen uns begleiten.
Machen wir uns auf die Suche nach der inneren Wahrheit – tief in uns spüren wir das Urwissen, es ist in jeder unserer Zellen gespeichert. Lassen wir uns nicht von sogenannten Wissenschaftlern irritieren, die die gesamte Schöpfung dem Zufallsprinzip zuordnen wollen, nur um zu beweisen, dass es Gott und die Engel nicht gibt, und meinen, alles sei durch eine riesige Explosion, einen Urknall, entstanden. Wir wissen doch, jede Explosion erzeugt Chaos, unsere Schöpfung aber ist perfekt und geordnet.
Jeder Mensch hat seinen freien Willen und darf selbst entscheiden, woran er glauben will.

Ich wünsche Ihnen, dass Ihr Glaube Sie erhebt und Ihnen ein tiefgründiges Leben beschert.

Werner Wider
Überlingen, September 2010
Heilpraktiker

Einleitung

*»Du kannst das Glück nicht erwerben,
es ist in deiner Seele bereits vorhanden.«*

Liebe Leserinnen und Leser, nun sitze ich wieder auf meinem geliebten Berg in der Schweiz, dem Rigi, und darf ein ausführliches Buch über die Schutzengel schreiben.
Im Laufe meiner nun bereits achtjährigen Vortragsarbeit habe ich immer wieder festgestellt, dass Erzengel Jophiel bei den Vorträgen zugegen war und die Inhalte zum Thema Schutzengel überwachte, so dass meine Gedanken in Reinheit fließen konnten.
Die Beziehung zum jeweiligen Schutzengel ist von Mensch zu Mensch so individuell, dass ich meine eigenen Erfahrungen nicht verallgemeinern und über meinen Schutzengel referieren kann. Jeder der Vorträge, wie auch dieses Buch, benötigt für seine Entstehung eine eigene höhere Inspiration aus der geistigen Welt. Dafür steht uns Erzengel Jophiel zur Verfügung. Er ist in unserer Nähe wie eine lichtsäulenartige, schmale, hohe, zarte, freundliche und aufmerksame Lichtgestalt. Er strahlt eine wohltuende, weiche, goldgelbe Energie aus. Seine Schwingung fließt zwischen Himmel und Erde voller Sicherheit und Zielstrebigkeit. Wenn wir uns auf die Energie der Weisheit einlassen, so lernen wir von ihm Geduld, Gottvertrauen und Gotterleben. Er kann uns bei unserer Begegnung mit dem Thema Schutzengel, Neuorientierung, Lösungen, Glauben und bei dem Zustand des »Ich bin« Schutz-

hülle sein und uns verständnisvoll zur Seite stehen. Deshalb basiert auch sehr viel Wissen in diesem Buch auf seiner Energie.

Durch die bewusste Zusammenarbeit mit meinem Schutzengel konnte ich das Leben verstehen lernen. Die Schutzengel zu sehen, war meine erste Begabung in der Begegnung mit den lichtvollen geistigen Kräften.

So ergab es sich, dass ich mehrere Jahre Engelberatungen angeboten habe, bei denen ich erfahren konnte, welche Fragen die Menschen am meisten beschäftigen. Da sich die Fragen der Menschen in ihrer Sehnsucht sehr gleichen, lege ich heute den Schwerpunkt meiner Arbeit auf Ausbildungen, Schulungen und dem Schreiben von Büchern, um so mehr Menschen mit dieser aufklärenden Tätigkeit zur individuellen Selbständigkeit und Befreiung zu erreichen.

Teilnehmer meiner Seminare haben mit ihrem Interesse und ihren Fragen sehr viel zu diesem Buch beigetragen. Hiermit grüße ich sie alle herzlichst mit einem lieben Dank.

Bei lauter Engellichtern dürfen wir jedoch nicht vergessen, dass wir selbst unser Licht auf diese Erde zu bringen haben. Gerade unsere Familienangehörigen, die ihr Leben mit uns teilen, sind genauso wichtige irdische Lehrer wie die geistigen Sphären. Einen tiefen Dank für die Liebe und unser Miteinander möchte ich mit diesem Buch auch meinen Lieben widmen.

Ich bin überzeugt, dass wir alle gesund, glücklich, frei, liebend und erfolgreich sein können, wenn wir an unserem inneren Licht und dem damit verbundenen Urvertrauen ansetzen. Fangen wir also gemeinsam jeden Tag in Liebe und Zuversicht aufs Neue an!

Seien Sie es sich wert, so zu sein, wie Gott Sie in Wirklichkeit erschaffen hat. Schauen Sie aufgerichtet in das Licht, und folgen Sie Ihrer Seelenaufgabe.

Ich wünsche Ihnen viele Erkenntnisse, Erlebnisse und Leichtigkeit beim Lesen dieses Buches!

In Liebe
Jana Haas
Rigi-Kaltbad, Juni 2010

1. Der Glaube an den Schutzengel

*»Du kannst das Glück nicht festhalten,
aber mit dem Herzen erleben.«*

Die meisten Menschen in unserer Kultur wachsen mit dem Glauben an den Schutzengel auf. Als Kleinkinder nehmen wir ihn noch wahr, und dann verlieren wir den Kontakt zu ihm mit zunehmendem Erwachen des Intellekts.
In vielen Religionen begegnen wir dem Begriff Engel. Gläubige wie auch nichtgläubige Menschen sprechen oft vom Trost und der Lebenssinnerfüllung durch die Engel.
Es ist für viele Eltern tröstlich, an den Schutzengel ihres Kindes zu glauben. Viele denken, dass es eine höhere Kraft gibt, die mehr bewirken kann als der Einzelne. Mit all unseren Hoffnungen erheben wir unseren Blick zum Himmel und spüren etwas Höheres. Viele Fragen begleiten uns, z. B.: Wo kommen wir her? Wo gehen wir hin? Welche göttliche Kraft behütet mein Kind außerhalb meines Wirkens?
Aber erst der starke innere Ruf nach mehr Sinnerfüllung lässt uns den Kontakt zum Schutzengel wiederfinden. Dieser Ruf öffnet uns für das Neue, für persönliche Begabungen, Neuorientierung, Kreativität, Selbstannahme, Vertrauen, Schönheit im Leben, Glücklichsein, Lebensfülle, Zukunftsorientierung, Hingabe, Frieden, mehr Liebesfähigkeit, innere Sicherheit, Angstfreiheit, kurz: für emotionale Befreiung. Die Sehnsucht nach Kontakt zum Schutzengel ist auch die Sehnsucht nach unserem Ursprung. Sie bringt uns mehr und mehr

zur Rückbesinnung auf die in uns vorhandenen Lichtkräfte und unser Leben.

In einem meiner Seminare ging es darum, den eigenen Schutzengel zu sehen. Ich fragte die anwesenden Schutzengel, welche Beweggründe die Teilnehmer zu mir geführt hatten. Es waren ganz unterschiedliche Motive, weitverbreitete Bedürfnisse wie: innere Befreiung, Offenheit und Bereitschaft für Neues, Neuorientierung, das Erkennen und Erfüllen des Lebenssinns, die Nutzung geistiger Gaben, die Stärkung der Kreativität, das Ablegen von Zweifeln, das Erfahren neuer Lebensaspekte, Gewinnen von Urvertrauen, das Aufbringen von mehr Verständnis für Kinder oder das Einbringen von Spiritualität in künstlerische, pädagogische und therapeutische Berufe. Bei der spirituellen Auseinandersetzung mit dem Schutzengel geht es darum, sich selbst zu finden, Schönheit im Leben zu erfahren, Vertrauen in das Gute und in die Mitmenschen zu gewinnen und zu den eigenen Wurzeln zurückzukehren. Die Menschen wollen aus der Stagnation heraus und in Bewegung kommen, Lebensfülle erlangen, ihre Lebensziele umsetzen lernen, Zukunftsorientiertheit anstreben, Annahme und Hingabe lernen, sich weiterentwickeln, Sicherheit finden und Frieden schließen.

Im heutigen, neuen Zeitalter, in dem Hingabe und Vertrauen eine immer größere Rolle in unserem Bewusstsein spielen, können wir mehr lichtvolle Arbeit leisten als die Generationen vor uns.
Erinnern wir uns doch einmal, wie uns unsere Eltern und Großeltern Gebete zum Schutzengel beigebracht, mit uns gebetet und gesungen haben. Wie sie uns damit, mit ihrem Glauben und ihrer Hoffnung an eine reine, lichtvolle Welt Trost brachten. Sie taten auf ihre Art und Weise das Bestmögliche

in der damaligen Zeit. Wir können heute in unserer viel sensibleren Welt auf diesen Wurzeln aufbauen: Es vollzieht sich ein Wandel von alten Vorstellungen und äußeren Ritualen hin zu der Fähigkeit, immer mehr mit dem Höheren Licht in Verbindung zu treten. Heute ist es nämlich viel leichter, durch unser Wissen und unsere Weisheit den Blick für diese Dimensionen zu entwickeln. Jeder wird sich früher oder später mit der Kraft seines Herzens verbinden. Sie ist der Zugang zu den lichtvollen Welten, den Schutzengeln und zur erlebbaren Anbindung an das Göttliche.

Spätestens nach dem Tod benötigen wir dieses Vertrauen in unsere Schutzengel, um uns mit ihrer Hilfe in den lichtvollen Welten zurechtzufinden.

Wenn wir das Vertrauen schon zu Lebzeiten finden, so stehen uns diese Welten bereits im irdischen Leben zur Verfügung.

Möge dieses Buch Ihnen das offenbaren, denn auch Ihr Schutzengel kommuniziert und lebt mit Ihnen. Nehmen Sie ihn immer mehr wahr durch das Hineinspüren in Ihr Herz.

- Lassen Sie sich auf die Kraft Ihres Schutzengels ein, und Sie werden seine Existenz erleben.
- Ihr Schutzengel ist immer bei Ihnen, er verlässt Sie niemals.
- Jeder findet irgendwann zu seinem Schutzengel, allerspätestens nach dem irdischen Tod.
- Vertrauen Sie Ihrem Schutzengel bereits zu Lebzeiten, und Sie können seine Unterstützung bewusst erleben.

2. Was Schutzengel sind – und was nicht

»Heilung kommt aus dem Fließen mit dem Leben.«

Schutzengel: unsere persönlichen Begleiter

Engel sind Lichtschwingungen Gottes. Sie unterstützen die Entwicklung der Welt und der Menschheit. Sie unterscheiden sich durch ihre Aufgaben. Schutzengel sind jeweils einem einzelnen Menschen zugeordnet. Sie gleichen ihm in der Seelenschwingung und begleiten ihn durch dieses eine Leben oder auch durch mehrere Inkarnationen.

Diese Boten Gottes können wir intellektuell nicht erfassen, weil sie nicht über den Geist und die Gedanken mit uns kommunizieren. Sie erreichen uns vielmehr über unsere Seele, über unsere ehrlichen und aufrichtigen Gefühle. Jeder erlebt diese sensible, höhere Schwingung, die Wahrnehmung seines Engels durch innere Wahrhaftigkeit und das bewusste Zulassen von Gefühlen wie Hoffnung, Demut und Liebe.

Jeder Mensch hat einen Schutzengel. Mit diesem Engel haben wir in dieser Inkarnation eine ganz besondere Verbindung; er begleitet uns jede Sekunde unseres Lebens und wird uns nie verlassen.

Aufenthaltsort: Ihr Schutzengel ist stets bei Ihnen. Meist befindet er sich in Ihrer Aura, d. h. in der energetischen Dichte um Ihren Körper (siehe Kap. 7).

Ihr Schutzengel kann sich vor Ihnen, hinter Ihnen, seitlich von Ihnen, über Ihnen oder in Ihnen aufhalten. Jeder dieser »Aufenthaltsorte« spiegelt sein momentanes Wirken an Ihnen wider.

Aufenthaltsort, Gestalt, Farbe und Gestik können sich jederzeit verändern. Der Schutzengel zeigt immer Ihre momentane Seelenqualität an. Er gibt Ihnen, ohne dass Sie es bemerken, ständig innere Impulse für Ihr Wirken.

Wenn sich der Schutzengel beispielsweise an der rechten Seite eines Menschen zeigt, so kann dies bedeuten: »Setze dein Wissen in die Tat um«, da die rechte Seite die männliche, tatkräftige ist. Bei einem sehr harmonisch gestimmten Menschen, der selbst liebevoll und friedvoll wie ein Engel schwingt, kann der Schutzengel sich auch innerhalb des Körpers, in der Körpermitte des Schützlings zeigen. Dies bedeutet: »Du bist in deiner Mitte, schöpfe aus deiner göttlichen Kraft und vertraue deiner Intuition.« Ein Schutzengel kann aber auch sehr weit von seinem Schützling entfernt sein, wenn dieser nicht an ihn glaubt, ihn nicht zulässt und der Engel ihn somit nicht berühren darf. Dennoch wird der Schutzengel ihn niemals aufgeben. Aber er kann in diesem Fall dem Menschen keine inneren Impulse geben, weil er dessen freien Willen akzeptieren muss.

Aufgaben: Unser Schutzengel hat die Aufgabe, uns unsere gegenwärtige Kraft aufzuzeigen, mit der wir die Lebensthemen und Begabungen in Leichtigkeit und Freude ausleben können, um vertrauensvoll den Weg in unsere Zukunft zu gehen. Er erinnert uns in jeder Sekunde, mit jedem Atemzug und mit jeder Erfahrung an unseren tiefsten Lebenssinn.

Verbinden wir uns in Liebe und Leichtigkeit mit seinem Licht, so kann er uns wertvolle Hinweise geben und uns auf eine lichtvolle Zukunft vorbereiten. Je friedvoller und reiner unsere Absichten sind, desto stärker kann uns unser Schutzengel begleiten und uns schützend mit seinem Licht zur Seite stehen.

Anzahl der Engel: Die meisten Menschen haben nur einen Schutzengel. Einige wenige bringen auch zwei Engel als Begleiter mit in dieses Leben. Das heißt jedoch nicht, dass dieser Mensch schwächer oder besser ist als ein anderer. Die Schutzengel sind vielmehr mit der individuellen Lebensaufgabe verbunden. Hat jemand also zwei innere Lebensaufgaben, so bringt er folglich auch zwei Schutzengel in diese Inkarnation mit.

Hat sich ein Mensch z. B. vorgenommen, einerseits sein aus früheren Leben mitgebrachtes Wissen zu nutzen und andererseits die neue Kreativität der heutigen Zeit zu leben, so sind zwei verschiedene Schutzengel dafür zuständig, ihn in beiden Vorhaben zu unterstützen und seine Persönlichkeit in diesem Leben wachsen zu lassen. Manchmal kann es aber auch passieren, dass ein zusätzlicher Schutzengel im Laufe einer Inkarnation zum bestehenden Schutzengel dazukommt – dann nämlich, wenn eine zusätzliche, essenzielle Lebensaufgabe entsteht.

Dazu ein Beispiel: In einer Familie gibt es zwei Mädchen. Die jüngere Schwester stirbt, und die ältere Schwester muss nun nach diesem tiefen, unvorhergesehenen Verlust lernen, neues Vertrauen in das Leben aufzubauen und den Schmerz in Liebe loszulassen. Die verstorbene Schwester ist jedoch reinen Kinderherzens und so lichtvoll und leicht, dass sie durch die Liebe zu den Menschen und im Mitgefühl zu ihrer Schwester all die menschliche Last in sich loslassen kann und selbst zu einem Engel erstrahlt. Jeder Engel erhält eine Aufgabe, und so kann es passieren, dass sie aus Liebe zu ihrer Schwester Gott darum bittet, jener bei ihrer neuen, zusätzlichen Lebensaufgabe schützend zur Seite stehen zu können. Auf diese Weise wird sie schließlich ein zusätzlicher Schutzengel ihrer irdischen Schwester – auf Lebensdauer oder auch nur so lange, bis die Schwester ihre Lebensaufgabe erfüllt hat.

Aussehen, Namen und Kommunikation der Schutzengel

Aussehen: Die Schutzengel sind, wie alle Engel, Lichter Gottes. In ihrer Lichtschwingung haben sie keine Form, weil sie nicht wie unser Körper an die Materie gebunden sind. Sie nehmen aber für uns Menschen eine Gestalt an, und zwar jene, die wir am ehesten erkennen können. Das tun sie, um sich dem Menschen in Form von Bildern, die die Seele berühren, mitteilen zu können.

Ein Christ wird die Schutzengel, wie auch alle anderen Engel, eher in den Formen und mit den Gestiken wahrnehmen, die er aus der kirchlichen Tradition kennt. Ein Buddhist hingegen wird sie mehr in Form eines Buddhas wahrnehmen. Es geschieht eben immer auf die Weise, die der Mensch durch seine Prägung entsprechend einordnen kann. Schutzengel zeigen sich uns in ihrer Schwingung so, wie sie uns dort, wo wir in unserer Entwicklung stehen, am besten berühren und abholen können. Deshalb hat auch jedes Zeitalter seine eigene künstlerische und kulturelle Art, die geistigen Wesen darzustellen.

Ausschlaggebend bei der Interpretation einer solchen Begegnung sind: die Farbintensität der Erscheinung; die Symbolik, die sich in den Gewändern der Engel zeigt; die Gestiken der Lichthände und -flügel; ihre Größe, Ausstrahlung und vor allem die Empfindung, die sie im Menschen auslösen. Dazu aber später mehr.

Namen: Die Engel haben grundsätzlich keine Namen, denn sie brauchen keine Personifizierung, da sie keine Menschen sind. Sie sind Lichtwesen, die sich mit unserer Lebensaufgabe verbinden. Die Menschen können ihnen Namen geben, wie das beispielsweise bei Erzengeln geschehen ist. Man sollte sich aber bewusst machen, dass dies keine wirklichen Namen der Engel sind, sondern nur Hilfsmittel für die Menschen, wenn sie an eine bestimmte Engelkraft denken.

Wir Menschen hören berechtigterweise auf unsere Namen – die Engel aber nicht. Denn sie sind Seelenschwingungen, die unsere inneren Gebete fühlen und aufnehmen. Unsere äußeren Vorstellungen von Zeit und Raum teilen sie jedoch keinesfalls. Jeder darf seinem Schutzengel natürlich einen Lieblingsnamen geben, wohl wissend aber, dass dies lediglich eine Unterstützung für sich selbst ist.

Kinder sollten übrigens, falls sie einen Schutzengelnamen benötigen, ihren Schutzengeln am besten Blumennamen geben, denn so entwickeln sie spielerisch mehr Lebensverbundenheit und Erdung.

Kommunikation: Die Engel kommunizieren mit uns stets in unserer Herzenssprache. Dabei sprechen sie nie mit einer Stimme, die uns fremd vorkommt, sondern stets mit einer, die sich wie unsere eigene anfühlt. Alles andere, was man über den Intellekt erfassen kann, ist zu grobstofflich, als dass es auf den Schutzengel zurückzuführen wäre.

Die Schutzengel haben eine Schwingung, die sich zuweilen wie ein Ton anhören kann, jedoch im eigentlichen Sinne kein menschliches Wort ergibt.

Wie man die Schutzengel wahrnehmen kann

Gerade in unserem neuen Zeitalter hat jeder Mensch die Möglichkeit, wenn er dies möchte, durch seine Sensibilität seinen Schutzengel wahrzunehmen. Die Wahrnehmungen können ganz unterschiedlich ausfallen. Es kann sich um ein Hellsehen oder um ein Hellhören handeln. Die verschiedenen Wahrnehmungsformen können sich auch vermischen, und manche Menschen verfügen sogar über alle. Im Wesentlichen gibt es folgende Möglichkeiten der Wahrnehmung:

Hellwissen: Manche Menschen bekommen bei einer klaren inneren Frage an ihren Schutzengel spontan eine klare innere Antwort. Dieses Hellwissen ist kein Produkt des Nachdenkens, sondern es entsteht mühelos als innere Wahrnehmung. Gerade diese Klarheit ist es, die die Verbundenheit mit einem Schutzengel ausmacht.

Hellriechen: Andere können die Schönheit und die Zartheit eines Schutzengels über einen blumigen Duft in ihrer Nähe wahrnehmen. Dieser Geruch ist ausgesprochen fein, mit irdischen Düften nicht vergleichbar. Auch diese Feinheit ist die Schwingung eines Schutzengels.

Hellhören: Manche Menschen hören die Botschaft oder die Lieder des Schutzengels. Aber, wie schon erwähnt, hören sie sich nie wie eine fremde Stimme an, sondern es ist eine warme, vertraute, sanfte innere Stimme – die eigene Herzenssprache.

Hellfühlen: Besonders wichtig ist auch das Hellfühlen. Dabei handelt es sich nicht allein um das innere Gefühl, sich geführt und aufgehoben zu wissen, sondern auch die Gewissheit, in

Liebe mit allem verbunden zu sein. Das ist der entscheidende Hinweis darauf, dass der Schutzengel in tiefer Seelenverbundenheit zugegen ist. Wenn Sie tiefe Liebe, Vertrauen und Freiheit verspüren, so kann dies eine Botschaft Ihres Schutzengels sein. Wenn der Schutzengel sich in Ihrer Aura befindet oder Ihre Haut berührt, dann kann sich das wie eine sanfte, wärmende Hülle um Sie herum anfühlen.

Hellsehen: Einem hellsichtigen Menschen begegnet ein Schutzengel in Form einer Lichtgestalt. Dies kann in einem Traum, in einer spontanen Vision, einer Meditation wie auch in einer bewussten Begegnung durch einen ruhigen, inneren Blickkontakt mit dem Schutzengel geschehen.
Wir können ganz bewusst in diesen Kontakt treten, wenn wir ganz in Liebe, tief und ruhig im Herzen lächelnd, ein- und ausatmen, während wir unsere Aufmerksamkeit auf unseren Atem richten. Wenn wir ganz ohne Erwartungen sind, können wir unseren Schutzengel sehen. Wir erkennen seine Form, seine Farben und seine Symbole und spüren seine Botschaft so deutlich, dass wir sie in Worte fassen können. Wir können ihm klare, vertrauenserfüllte Fragen stellen, seine weisen Antworten empfangen, sie verstehen und durch den eigenen Willen umsetzen.

Wie man seinem Schutzengel Fragen stellt

Sinnvolle und sinnlose Fragen. Grundsätzlich kann man seinem Schutzengel alle Fragen stellen und bei allen Angelegenheiten Hilfe bekommen. Voraussetzung dafür ist die Reinheit Ihrer Absicht, denn die Engel sind absolut reine Seelenkräfte.

Das bedeutet, dass Sie sich der Stimmigkeit und Absicht Ihrer Fragen vergewissern und ganz bewusst sein müssen. Wenn Sie bei einer Frage, die Sie dem Engel stellen möchten, frei und tief atmen können, dabei Liebe und ein Lächeln in Ihrer Brust wahrnehmen können, dann entsteht in Ihnen eine klare, kurze Frage, die es Ihnen auch ermöglicht, eine klare, kurze Antwort Ihres Schutzengels zu erleben, zu spüren, zu sehen, zu verstehen, zu formulieren und umzusetzen.

Dies funktioniert jedoch nicht, wenn Sie unreine, egoistische Fragen an den Engel stellen, wie etwa Fragen aus purer Neugierde, aus Kontrollzwang oder Fragen, die zu sehr nach außen gerichtet sind, ohne die inneren Qualitäten dabei mit einzubeziehen. Ebenso verhält es sich mit Fragen, die einen anderen Menschen überfordern oder ihn in seinem freien Willen einschränken könnten, sowie mit Fragen, die »wenn« und »aber« enthalten, also unklare Fragen sind.

Die Engel geben Ihnen auch niemals ein Ja oder Nein zur Antwort, denn mit Ihrem freien Willen haben Sie immer selbst die Entscheidung für Ihr Handeln zu treffen und die Folgen zu durchleben. Die Engel schenken Ihnen ein klares Gefühl, mit dem Ihnen die Entscheidung leichter fällt.

Engel lassen sich auch nicht auf Wahrsagerei ein, denn Sie selbst bestimmen über Ihren Lebensweg und über den Verlauf Ihres Schicksals mit jedem Atemzug und jeder Entscheidung neu. Wir bringen in jede unserer Inkarnationen innere Vorhaben mit und entscheiden immer wieder aufs Neue über den Umgang mit den äußeren Gegebenheiten.

Dieses Buch soll es Ihnen ermöglichen, durch eine Art innere Schulung selbständig mit Hilfe Ihres Schutzengels Antworten auf Ihre Herzensfragen zu bekommen.

Themen der Fragen. Nach meiner Erfahrung sind es vor allem Fragen zu acht Themen, die die meisten Menschen in sich tragen und ihrem Schutzengel am liebsten stellen möchten. Diese sind: der Lebenssinn und die Persönlichkeit, die Liebe bzw. Selbstliebe, die Partnerschaft, die Kinder, die Mitmenschen, alltägliche Probleme, der Beruf und die Gesundheit.

Vor jeder Schutzengelübung können Sie sich hinsetzen, tief in den Bauch hineinatmen, im Herzen Ihr Lächeln spüren und die Gedanken loslassen.

Dabei wird sich Ihnen Ihr momentanes Thema zeigen. Sie werden spüren oder innerlich klar formulieren, mit welchem Thema Sie sich intensiver auseinandersetzen sollten.

Die Fragen müssen dem Schutzengel klar und in reiner Absicht gestellt werden, um ebenso klare und liebevolle Antworten zu bekommen. Nachfolgend finden Sie hierzu einige Vorschläge:

1. Schutzengel und Lebenssinn: Wofür bin ich wirklich geboren? Was ist meine wahre innere und äußere Aufgabe?
2. Schutzengel und Selbstliebe: Was ist Liebe? Darf ich mich selbst lieben? Ist Selbstliebe nicht Egoismus?
3. Schutzengel und Partnerschaft: Was kann ich für meine Partnerschaft tun? Können wir voneinander und miteinander noch lernen?
4. Schutzengel und Kinder: Was zeichnet das Wesen meines Kindes aus? Was braucht mein Kind von mir?
5. Schutzengel und Mitmenschen: Wie kann ich mich meinen Mitmenschen, meinen Kollegen etc. gegenüber am besten verhalten? Wie kann ich meinen Klienten, Patienten am besten helfen? Wie kann ich mein Herz für die Liebe noch mehr öffnen?
6. Schutzengel im Alltag: Wie hilft mir mein Schutzengel im Alltag? Hilft er mir bei konkreten Konflikten?
7. Schutzengel und Beruf: Übe ich einen für meinen Lebensweg richtigen Beruf aus? Wie kann ich mich in meinem Beruf noch mehr verwirklichen, mein Potenzial einsetzen?

8. Schutzengel und Gesundheit: Warum habe ich diese körperliche oder emotionale Schwäche? Was kann ich für meine Genesung tun, oder wie kann ich Krankheiten vorbeugen? Was ist mein Weg zur Heilung?

Für diese Fragen gaben die Schutzengel bestimmte Erklärungen, die Sie in Kapitel 5 nachlesen können. Sie finden dazu auch Übungen und Gebete.

- Ihr Schutzengel entspricht immer Ihrer Seelenschwingung.
- Ihr Schutzengel ist immer in Ihrer Nähe.
- Sie erleben Ihren Schutzengel aus der inneren Ruhe heraus.
- In der Kraft der Gegenwart können Sie Ihr Leben verändern.
- Ihr Schutzengel weiß stets um Ihren wahren Lebenssinn und führt Sie, wenn Sie es zulassen.
- Ihr Schutzengel teilt sich Ihnen mit seiner Lichtform, seinen Farben, seiner Gestik und seinem Standort mit. Achten Sie dabei stets auf klare Gedanken und auf ein stimmiges Gefühl.

3. Schutzengel und Kindheit

*»Nimm deine Schwächen liebevoll an,
und sie entwickeln sich zu Stärken.«*

Urvertrauen: An die Schutzengel zu glauben bedeutet Urvertrauen. Und für das Urvertrauen und die gesunde seelische Entwicklung des Menschen spielen die Erfahrungen der Kindheit eine wesentliche Rolle. An erster Stelle stehen dabei verständlicherweise die Prägungen aus dem Elternhaus. Die sozialen und spirituellen Werte, die in der Familie gelebt und an die Kinder weitergegeben werden, begleiten jene ihr Leben lang und finden ihren Ausdruck in entsprechenden Verhaltensmustern.

Kinder haben schon von Anfang an einen Bezug zum Göttlichen. Sie können ihren Schutzengel in den ersten Lebensjahren sehen; er existiert für sie ganz selbstverständlich. In der Erziehung sollte dieser bereits bestehende Glaube an den Schutzengel unterstützt werden. Gerade der spirituelle Bezug, das Lichtwesen, mit dem das Kind eine innere Verbundenheit spürt, ermöglicht es dem Kind im späteren Leben, seine geistige Anbindung zu erhalten oder zumindest wieder leichter zu aktivieren.

Schutzengelgebete: Regelmäßiges Beten mit den Kindern hilft ihnen, den Schutz und die Anbindung zur geistigen Welt über die Engel wohltuend zu verspüren. Deshalb beten Kinder auch immer sehr gerne mit, wenn das Gebet von den Eltern liebevoll vorgetragen wird.

Hier folgt nun eine kleine Auswahl von Schutzengelgebeten aus dem Volksmund, die sicher viele von Ihnen noch kennen. Es wäre sehr schade, wenn es sie eines Tages nicht mehr gäbe.

»Wo ich gehe, wo ich stehe, sei du, mein Engel, in der Nähe.
Bei jedem Schritt, bei jedem Tritt, geh du, mein Engel, mit.«

»Gottes Engel steht mir bei, dass mein Tun gesegnet sei.
Von ihm gesegnet geh ich fort.
Er leitet mich von Ort zu Ort.
Er bleibt bei mir auf allen Wegen, mit seiner Kraft und Gottes Segen.«

»Wo ich geh, wo ich steh, bist du mein Engel in der Näh`!«

»Lieber Gott, nun schlaf ich ein, schicke mir den Engel dein, dass er treulich bei mir wacht durch die ganze lange Nacht.
Schütze alle, die ich lieb, und in Liebe alles vergib.
Und kommt der helle Morgenschein, lass mich wieder fröhlich sein.«

»Müde bin ich, geh zu Ruh.
Schließe meine Äuglein zu.
Vater, lass Augen dein
über meinem Bette sein.«

»Heiliger Schutzengel mein, lass mich dir empfohlen sein.
In dieser Nacht, ich bitte dich, beschütze und bewahre mich.«

»Abends wenn ich schlafen geh, vierzehn Engel bei mir steh'n, zwei zu meiner Rechten, zwei zu meiner Linken, zwei zu meinem Kopfe, zwei zu meinen Füßen, zwei die mich decken, zwei die mich wecken, zwei die mich führen zu himmlischen Türen.«

Menschen brauchen Gottesbilder. Jeder Mensch braucht in seiner Kindheit lichtvolle Gottesbilder, um im Alltag Hoffnung zu haben und den tiefen Sinn in allem zu erkennen. Auch Kinder haben innere Erfahrungen und eine Vielfalt an Gefühlen, mit denen sie umgehen lernen müssen.
Über die religiöse Prägung bekommen die Kinder von Haus aus Impulse, die sie zum Nachdenken anregen. Im Rahmen dessen geht es eigentlich immer um Lebenssinn-Fragen und Antworten auf dem Weg zur Liebe, um die konstruktive Auseinandersetzung mit dem Menschen und der Gesellschaft. Denn der Mensch sucht stets nach einem Lichtbild, das ihm, über die Materie hinaus, den Blick in das Höhere aufzeigt, so dass er es verinnerlichen kann. Im christlichen Glauben findet sich z. B. in der Friedenstaube solch ein Bild. Wenn der Mensch sich von diesem Bild innerlich berühren lässt, so wird er die friedvolle Kraft in sich spüren und erfahren, dass Gott im inneren Frieden erlebbar ist. Das Symbol der Taube transportiert die Friedensbotschaft der Nächstenliebe. Wenn man sich darüber Gedanken macht, stellen sich ganz von allein weiterführende Fragen, wie: Wie kann ich diese Liebe vermitteln? Wie kann ich selber friedvoll sein? Und so wird jeder wieder an die eigene innere Quelle der Selbstliebe und Harmonie geführt.

Freilassende Impulse. Wenn Kinder in freilassenden Impulsen aufwachsen, dann wird ihnen das innere Sicherheit und Orientierung geben können. Mit freilassenden Impulsen ist gemeint, dass das Kind unterstützt wird in den eigenen spirituellen Erfahrungen und den Gedanken zu den Erfahrungen, statt diese vorzugeben. Wenn Kinder diese Impulse nicht bekommen, dann werden sie die Orientierung nur am Menschen suchen.

Es ist wichtig, keine Erfahrung, Erziehung oder Prägung nur als gut oder schlecht einzuordnen. Man sollte vielmehr zu der Gewissheit gelangen, dass jeder Einzelne dazu in der Lage ist, seine eigene lichtvolle Kraft zu finden und den Sinn seines Daseins zu erkennen. Jeder wird die geistige Welt, die Engel und die Menschen – je nach Prägung und Lebensabschnitt – individuell wahrnehmen und den Umgang mit seiner eigenen Freiheit und mit seiner inneren Göttlichkeit auf unverwechselbare Weise leben.

Der Glaube an den Schutzengel, mit dem Kinder aufwachsen

Kinder bekommen durch die Familie unterschiedlichste religiöse Prägungen und orientieren sich an verschiedenen Vorbildern. Manche verinnerlichen das Bild eines strafenden Gottes, der einengende Regeln aufstellt. Manche von ihnen ordnen sich diesen Glaubensvorstellungen auch noch im Erwachsenenalter unter; andere entwickeln daraus eine atheistische Grundhaltung; wieder andere bewahren sich ihr persönliches inneres Gefühl von Freiheit und einen Glauben an das Gute, Liebe- und Lichtvolle.
In vielen religiösen Familien herrscht ein Widerspruch zwischen vorgegebenem Glauben, innerem Erleben und tatsächlich Vorgelebtem.

Aber auch die Einstellung in materiell-atheistisch geprägten Familien, es gäbe nichts, was man nicht anfassen könne, kann Kinder innerlich vereinsamen lassen. Jedes Kind fühlt jedoch intuitiv, dass etwas Vertrauens- und Sinnerfülltes in seinem Inneren existiert.

Freiheit des Geistes. Nähe, Vertrauen und Liebe sollten in jeder Erziehung immer die oberste Maxime bilden. In der Auseinandersetzung mit dem Glauben muss stets die Freiheit des Geistes im Mittelpunkt stehen. Ganz gleich, welchen Glauben und welche Lebensauffassung die Eltern ihren Kindern vorleben: Wenn sie die Freiheit des Denkens zulassen, wird die Erziehung die Impulse setzen, aus denen heraus das Kind sich glücklich entwickeln kann. Jeder Mensch braucht die Möglichkeit, frei denken und fühlen zu können, damit er über die nötige Klarheit verfügt, die ihn dazu ermächtigt, die göttliche Wahrheit selbst zu erkennen.

Bei dieser Fähigkeit handelt es sich um eine tief im Menschen verankerte Form der Kreativität, die in der Kindheit noch frei zugänglich ist und bewahrt werden muss. Auch ein Erwachsener kann diese innere Kreativität in sich selbst neu entdecken, indem er sich bewusst für den Kontakt mit der lichtvollen geistigen Welt öffnet. Dieses Sich-Öffnen ist aber nicht nach außen, sondern nach innen gerichtet und ist somit der Schlüssel zum eigenen Herzen und zu den eigenen Gefühlen.

Wie wir Kinder mit Hilfe der Schutzengel unterstützen können

Im Umgang mit Kindern ist liebevolles Feingefühl nötig, um ihre Leichtigkeit zu unterstützen und zu erhalten.

Für Kinder ist es sehr wichtig, um die höhere helfende Instanz eines liebevollen Gottes und das Wirken der Schutzengel zu wissen. Dieses Wissen hilft ihnen bei ihren Sorgen und Ängsten und gibt Sicherheit und Vertrauen. Wenn Kinder wissen, dass sie kleine Gebete sprechen und Gefühle zulassen können, sind sie selbstsicherer und offener.

Durch gemeinsames Singen, Spielen, Lernen und Malen kann nicht nur der Bezug zum höheren Licht und zu spirituellen Werten gestärkt werden, sondern auch das Vertrauen in die eigene Familie und in die Menschen. Dabei ist es wichtig, sich vom Herzen leiten zu lassen, denn diese kreative Gefühlswelt ist den Kindern nah und leicht zugänglich.

Wenn man Kindern zu viele Fragen stellt und ihnen alles erklären will, kann sie das schnell überfordern. Daher sollte man die Kleinen besser von sich aus fragen und sprechen lassen und ihnen Raum für sich geben. Da in der Natur die Kräfte der Lichtwesen besser spürbar sind, sollten Eltern ihren Kindern auch Naturverbundenheit nahebringen, sich mit ihnen möglichst regelmäßig in der Natur aufhalten.

Die Kinder bekommen einen besonders guten Zugang zu den geistigen Welten, wenn man ihnen auf natürliche Art und Weise innere Qualitäten und Werte vermittelt wie Mitmenschlichkeit, Verständnis, Friede, Hoffnung oder Liebe.

Eltern können ihre Kinder morgens und abends durch Segnungen mit guten Gedanken, Gefühlen und Gebeten unterstützen, indem sie etwa gemeinsame Gute-Nacht-Gebete oder Gebete vor dem Essen sprechen.

Das Feiern der Abläufe in der Natur im Rahmen religiöser Jahresfeste ist ebenfalls eine gute Möglichkeit, die Kinder den Kontakt mit ihrem göttlichen Ursprung nicht verlieren zu lassen.
Vor allem aber in Trauerphasen brauchen Kinder einen leicht nachvollziehbaren und sinnerfüllten Bezug zu den lichtvollen geistigen Welten.

Liebevolle Eltern wissen, dass sie ein Vorbild für ihr Kind sind. Dabei ist es relativ unerheblich, welches Gottesbild sie haben. Viel wichtiger ist, was man selbst wirklich lebt, wie ehrlich, souverän, zuversichtlich, dankbar, liebevoll, verständnisvoll und authentisch man ist.

Kinder aller Kulturen können harmonisch miteinander spielen – sie können sich streiten und in der nächsten Minute wieder beste Freunde sein. Das geht nur, weil sie sich gegenseitig nicht verurteilen.
Womit wir bei dem Hauptproblem wären, das viele Erwachsene aufgrund ihrer religiösen und allgemeinen Prägung haben: Sie beurteilen und verurteilen und leben einen Glauben, der nur den eigenen Standpunkt und Blickwinkel zulässt. Durch persönliche Feindbilder schüren sie ihre Ängste. Im Leben geht es aber in erster Linie darum, mit dem umgehen zu lernen, was in diesem Augenblick ist. Nicht dagegen ankämpfen oder leiden, sondern mit den Gegebenheiten zu leben und sich durch sie weiterzuentwickeln lautet die Devise. Das ist nichts anderes als Urvertrauen, aus dem heraus mit einer liebevollen Einstellung alles möglich ist.

Beispiel Kindergarten: Zu besserem Verständnis hier ein Beispiel aus dem Alltag. Eine Mutter, die um spirituelles Bewusstsein sehr bemüht ist, hat mir Folgendes erzählt:

Ihre vierjährige Tochter hatte im Kindergarten mit einem Jungen große Probleme, der sich gegen die anderen Kinder aggressiv verhielt. Das Mädchen litt unter dieser permanenten psychischen Unterdrückung dermaßen, dass es Angst hatte, in den Kindergarten zu gehen

Die Mutter dachte zunächst darüber nach, ihr Kind aus dem Kindergarten zu nehmen. Das hätte aber zur Folge gehabt, dass das Kind lernt, vor Problemen davonzulaufen. Also haben sich die Eltern des Mädchens und die Eltern des Jungen zusammengetan und gemeinsam mit den Erzieherinnen nach einer Lösung gesucht, die einen lichtvollen, stärkenden Impuls beinhaltet. Sie entschieden sich dafür, dass das Mädchen wieder in den Kindergarten geht und der Junge beim ersten Treffen einen Kuchen für die Kleine mitbringt.

Die Mutter des Mädchens bereitete sie liebevoll auf das Treffen mit dem Jungen vor, wohl wissend, dass sie ihrem Kind innere Stärke vorleben muss, die sie selbst an diesem Punkt in ihrem Leben erst einmal entwickeln musste. Denn nur durch die Stärke der Mutter konnte das Kind seine eigene Stärke spüren.

Die Mutter des beteiligten Jungen bereitete ihr Kind auch auf die nächste Begegnung mit dem Mädchen in besonderer Weise vor: Sie backte mit ihm einen Kuchen für das Mädchen, segnete den Jungen mit dem Spruch: »In Liebe ist alles möglich.« Die Mutter des Mädchens segnete es ebenfalls mit dem Spruch.

Als die Kinder sich dann wieder im Kindergarten begegneten, konnte sich die Situation entspannen. Die Mütter segneten ihre Kinder auch weiterhin mit dem Spruch. Das Mädchen und der Junge wurden Freunde. Die Situation hat sich auf den gesamten Kindergarten positiv ausgewirkt.

An dieser geistigen Haltung ist ersichtlich, dass die Lösung kindlicher Konflikte meist darin liegt, woran man selbst wirklich glaubt und was man seinen Kindern tatsächlich vorlebt. Genau dies ist in ganz alltäglichen Situationen erlebbar.

Loslassen können. Kinder können am besten Unterstützung finden durch das Vertrauen, das die Erwachsenen ausstrahlen. Denn durch das Vertrauen in die Menschen spüren Kinder auch das Vertrauen ins Leben, in Gott und die Engel. Dabei helfen Segnungen und Gebete. Es ist wichtig, das Kind in Liebe auf seinem Weg zu begleiten, aber auch rechtzeitig loszulassen, damit das Kind die Erfahrungen machen kann, die zumutbar sind und zum Leben dazugehören. Durch die eigene mutige Lebenseinstellung verliert sich auch die kindliche Angst vor dem Leben. Persönliches Wachstum findet gerade durch die Herausforderungen im Alltag statt.
Diese vertrauensvollen Erfahrungen sind sehr wichtig für die Ausbildung der Herzenssprache, mit der der Mensch in bewussten Kontakt mit der lichtvollen geistigen Welt treten kann.

Das Gespür dafür, wann der persönliche Einfluss auf das Kind zu groß und wann er zu gering ist, ist ganz entscheidend. Es kommt darauf an, dass man eine gesunde Balance wahrt.
Der eigene Glaube an das Gute und Schöne im Leben sollte immer im Vordergrund stehen. Der Mensch lernt das Menschsein vom Menschen. Deshalb schauen die Kinder den Erwachsenen das Verhalten wie auch die Lebenseinstellung ab.
In Liebe können keine Fehler entstehen. Fehler werden erst dann gemacht, wenn die Menschen aus ihren Handlungen nichts lernen. Den Kindern zuzuhören, sie bewusst und aufmerksam wahrzunehmen und zu unterstützen hilft allen. Es kommt auf ein liebevolles Verhalten, gelebte Dankbarkeit und eine harmonische Atmosphäre im Alltag an. Liebesentzug und Zwang können niemals eine Lösung sein. Es ist auch nicht sinnvoll, Kindern außer Gebeten andere religiöse oder spiritu-

elle Zeremonien und Rituale beizubringen. Freilassen lautet die Devise.

Beziehung statt Erziehung. Das Wesentliche sind immer die zwischenmenschlichen Werte. Es geht nicht um einen bestimmten Glauben, nicht um ein bestimmtes Gottesbild; es geht ganz allein um Liebe und Mitmenschlichkeit.
Gerade im Umgang mit Kindern muss die gegenseitige Beziehung vor der Erziehung stehen. Darauf baut alles auf. Da jedes Kind bekanntlich anders ist, sind herkömmliche Erziehungsmuster oft zu eindimensional. Kinder brauchen vor allem Verständnis und wollen von ihren Eltern als unverwechselbarer kleiner Mensch wahrgenommen werden. Erst auf dieser Basis kann Erziehung in eine stimmige Richtung führen, ohne dass die Kreativität des Herzens dabei verlorengehen muss.

Sich der lichtvollen Welten und des Wirkens der Schutzengel bewusst zu sein war schon immer wichtig, und so wird es auch bleiben. Gerade in der heutigen Zeit gewinnt der spirituelle Bezug an Bedeutung und Gewicht.
Das Streben nach Wissen und Weisheit, um Sinnhaftigkeit zu erfahren, entspricht einfach der menschlichen Natur. Das Leben will vertrauensvoll begriffen werden, und das ist nur durch die geistige Anbindung und das Erleben der Liebe im Herzen vollständig möglich.

- Das Kind lernt das Menschsein am Vorbild der Eltern.
- Der Bezug zum Schutzengel gibt dem Kind Sicherheit und Schutz.
- Das Kind braucht Freiheit und Offenheit in der eigenen spirituellen Entwicklung.
- In Liebe ist alles möglich.

4. Wirken des Schutzengels im Lebenslauf – am Beispiel der Lebensjahrsiebte

*»Es gibt immer einen lichtvollen Weg,
er will gegangen werden.«*

Lebensjahrsiebte

Wie wirkt ein Schutzengel beim Kleinkind im Vergleich zum Erwachsenen Menschen? Welche Entwicklungen werden im Laufe des Lebens gemacht?
Jeder Mensch macht im Laufe seines Lebens dem Lebensabschnitt entsprechende notwendige Erfahrungen. Indische Lehren, astrologische Erkenntnisse, das geistige Schauen von Rudolf Steiner und auch andere Lehren besagen, dass sich der menschliche Entwicklungsrhythmus ca. alle sieben Jahre vollzieht und seine notwendigen geistigen und seelischen Entwicklungsstufen mitbringt.
Sie lassen sich individuell gestalten und verstärken die Persönlichkeitskräfte in den Lebenserfahrungen. So wird der Charakter gestärkt. Die Entwicklungsstufen erfordern ein aktives Bewusstsein über das eigene Leben und zeigen den göttlichen Plan des Menschen auf. Lebt der Mensch in seiner inneren göttlichen Ordnung, so lässt er dem Glück und der Gesundheit freien Lauf.
In den Entwicklungsstufen entstehen unterschiedliche Bedürfnisse. Und die Schutzengel wirken je nach Lebensphase an-

ders, etwa bei einem Säugling und einem Erwachsenen. Denn die Energien, das Bewusstsein und die daraus resultierenden Bedürfnisse sind unterschiedlich. An folgenden Ausführungen möchte ich die lebensbegleitende Arbeit des Schutzengels aufzeigen.

Entwicklungsschwerpunkte und das Wirken des Schutzengels

Wenn Sie sich bewusst machen, dass bestimmte Lebensphasen mit speziellen Lebensthemen zu tun haben, dann werden Sie auch besser nachvollziehen können, dass mögliche Ursachen für Disharmonien, psychischen Belastungen oder körperlichen Beschwerden mit Ihrer Entwicklung zusammenhängen können. Dann fällt auch die Auswahl von Heilungswegen und Methoden leichter. Hier eine kurze Übersicht zu den Lebensabschnitten und ihren typischen Themen anhand der Lebensjahrsiebte.

0–7 Jahre: Die ersten Jahre eines Menschen dienen der Stärkung und Stabilisierung der Seele, des Geistes und des Körpers. Der Schutzengel eines Neugeborenen und Kleinkindes hüllt es ganz ein, wie in einer wiegenden Bewegung. Er gibt ihm Erdungskräfte, während er den Lichtfluss der Seelen- und Geisteskräfte in Verbindung mit dem Körper behütet.
Je älter das Kind wird, umso mehr entwickelt es sich aus dem Seelenzustand eines Kleinkindes heraus.
Die Kinder in diesem Alter benötigen grenzenlose Liebe und Sicherheit in ihren Beziehungen und in der Erziehung.

7–14 Jahre: In diesen Jahren erwachen der Geist und der Intellekt. Der Schutzengel öffnet seine Lichtflügel und lässt dem Geist und Intellekt des Kindes freien Raum, um Dinge erfassen und ergreifen zu können. Der Schutzengel behält aber trotzdem seine einhüllende Funktion. Der Geist des Kindes entwickelt sich durch das Erwachen des Intellekts.

In dieser Zeit gehen die Kinder immer mehr in die eigene Gestaltung des Lebens hinein. Gleichzeitig formt sich der eigene Charakter immer weiter.

14–21 Jahre: In dieser Entwicklungsstufe stehen das Erwachen der eigenen Persönlichkeit und die Abgrenzung im Vordergrund. Der Schutzengel geht wie ein aufklärender Freund neben dem jungen Menschen. Sein Licht zerfließt ganz in der Aura des Menschen. Er wirkt, indem er seinen Schützling berührt, und er erinnert ihn an seine Lebensaufgabe. Je älter der Mensch wird, umso mehr reift seine Persönlichkeit heran.

In dieser Zeit sind persönliche Erfahrungen und das Bilden der eigenen Meinung sehr wichtig. Die Entwicklung der inneren Charakterstärken, die in dieser Zeit verpasst wurden, ist kaum mehr aufzuholen. Die innere Entwicklung kann Schaden nehmen durch z. B. emotionale oder körperliche Misshandlung, Vernachlässigung, aber auch durch Verwöhntwerden.

21–28 Jahre: Der junge Erwachsene begreift die Welt immer mehr durch das »Ich bin«-Bewusstsein. Der Schutzengel lässt in seiner Behütung den Menschen etwas mehr los und steht wie ein ebenbürtiger Partner an seiner Seite. Er lässt ihm noch mehr freie Hand, mit seiner Freiheit und Verantwortung umzugehen.

Die Lichtflügel sind beim Schutzengel oft ruhend, und die Ausstrahlung ist sehr motivierend.

Die Individualität des Menschen verstärkt sich und bewegt

sich in die Erwachsenenentwicklung durch die Bildung und Verfestigung der eigenen Einstellungen. Persönliche Lebensumstände werden geschaffen, wie die Familienbildung und die Wahl des Berufs.

28–35 Jahre: Der Mensch beginnt, das Leben nach dem persönlichen Lebensplan und Lebenssinn aufzubauen. Der Schutzengel ermutigt den Menschen, meistens vor ihm stehend, dem individuellen Weg zu folgen. Der Mensch hat sich wiederzuerkennen und zu unterscheiden, was seine gesellschaftliche und familiäre Prägung ist und was sein persönlicher Anteil und freier Wille dabei ist.
Manche Menschen glauben, dass der Schutzengel seinen Schützling mit 28 Jahren verlässt, damit der Mensch seine Verantwortung allein trägt. Dies ist jedoch eine falsche Interpretation des Erwachsenwerdens, denn der Schutzengel verlässt einen Menschen nie.
In dieser Zeit sollte sich ein persönlicher Weg mit eigenen Überzeugungen entwickeln.

35–42 Jahre: In dieser Zeit stabilisiert sich die Persönlichkeit. Der Schutzengel steht überwiegend neben dem Schützling. Er gibt ihm den Impuls, auf die vorangegangenen Jahre zurückzublicken und neue Pläne zu entwickeln. Dabei unterstützt er ihn, dem inneren Ruf zu folgen und seinen Weg bewusster zu gehen. Denn in dieser Identitätsphase will die Persönlichkeit immer mehr an Sicherheit und Stabilität gewinnen.
Findet der Mensch diese Sicherheit in sich nicht, so können private oder berufliche Krisen entstehen.

42–49 Jahre: Im Vordergrund stehen nun Wege und Möglichkeiten, zur tatkräftigen Selbstverwirklichung zu finden. In dieser Zeit appelliert der Schutzengel sehr stark an die eigene

Intuition und bewegt sich in seiner Schwingung immer mehr in Richtung Körpermitte des Menschen. Die Verstärkung der Intuition wird immer wichtiger, um erkennen zu können, was der eigene Lebenssinn ist.

In diesem Lebensabschnitt werden berufliche und private Entscheidungen oft noch einmal hinterfragt, um sich glücklich weiterentwickeln zu können.

49–56 Jahre: Jetzt wird Weisheit und innere Ruhe entwickelt. Der Schutzengel wirkt immer mehr in der Körpermitte des Menschen, mit aller Kraft ausgerichtet zum Licht. Er erinnert ihn an seinen wahren Ursprung. Es geht notwendigerweise um die innere Erleuchtung und Erschaffung der Zukunft aus den vorangegangenen Erfahrungen. Die Weisheit muss sich auf dem Weg zur Erfüllung des Lebenssinns entwickeln.

In dieser Zeit will die Seele in sich, im inneren Zuhause ankommen und sich rundherum wohl fühlen. Tut sie es nicht, so können körperliche Beschwerden auftauchen, die auch seelisch auszugleichen sind.

56–63 Jahre: Das eigene Leben wird in Selbstannahme angepackt. In dieser Zeit bewegt der Schutzengel den Menschen, oft hinter ihm stehend, Schritt für Schritt zu seinem wahren Leben. Dann wird ein neues authentisches Selbst erschaffen, wofür das Individuum wirklich inkarniert ist.

In diesem Alter will die Seele oft eine neue Herausforderung bekommen, um sich durch die vollzogene innere Reife anders wahrnehmen zu können.

63–70 Jahre: Beim älteren Menschen sind die Aufgaben Demut und Weitergeben von Lebenserfahrung zentral. Der Schutzengel schwingt im Körper seines Schützlings und lässt viel neues Licht wie ein Lichtgewand in ihn hineinfließen, um ihm zu seiner Erleuchtung zu verhelfen. Der Mensch hat eine Fülle an Erfahrungen gesammelt in Demut und Liebe; deshalb kann er Licht auf diese Erde bringen.

In persönlichen Begegnungen haben diese Menschen die Aufgabe, Weisheit weiterzugeben.

70–77 Jahre: Diese Zeit steht für Lebensrückblick und Ordnung mit dem Ungelösten. Der Schutzengel an der Seite seines Menschen schaut ebenfalls zurück und »schreibt« einen neuen Lebensplan. Er beobachtet dabei, welche inneren Eigenschaften der Mensch noch nicht zulassen konnte und welche Befreiungen noch anstehen. Diese Aufgaben nimmt er mit in die kommenden Jahre oder in die neue Inkarnation. Denn hier geht es schon um den Lebensrückblick und inneren Abschluss als eine Art Versöhnung mit diesem Leben und Vorbereitung auf die weitere Lebensreise.

Innere Ruhe und Meditation sowie Lebensweisheit sind für das innere Licht sehr wichtig.

77–84 Jahre: Der Mensch nimmt immer mehr eine engelsgleiche Sicht des Lebens an und schreibt die schönsten Lebensgeschichten. Es ist das Bestreben des Schutzengels, seinem Menschen als Lebenslehrer zur Verfügung zu stehen. Er ist meist vor ihm und lehrt den Menschen bei seinen Vorhaben, immer mehr nach innen zu gehen und in einer neuen Weisheit zu leben. Jeder sollte in der Lage sein, das Leben aus der Weisheit Gottes zu betrachten. Stille und Kreativität können in dieser Zeit große Helfer sein.

84–91 Jahre: Das Leben wird aus dem inneren Frieden genossen. Der Schutzengel leuchtet meist an der Seite des Menschen und erhebt seinen Blick zum Himmel mit dem Ruf: »Erinnere dich, woher du kommst und wohin du gehst.« Jeder Mensch

sollte, wenn er nach dem göttlichen Plan geht, dieses innere Wissen und den innere Frieden erreichen.
Der Kern dieser Phase ist es, in allen Begegnungen noch mehr und selbstverständlicher das göttliche Licht zu erkennen.

91–98 Jahre: In dieser Zeit steht die Erleuchtung als Weg ins Licht an. Der Schutzengel hüllt den Menschen wieder wie einen Neugeborenen vollständig ein. Er singt für ihn Gottes Lieder der Liebe und verbindet ihn mit dem Kosmos.
Der Mensch bringt in diesem Zustand des Loslassens sehr viel Hoffnung und wahre Liebe auf diese Erde und zu den Menschen. Im Vordergrund steht jetzt, aus dem Zustand des »Ich bin« hinauszugehen und sich mit den lichten Welten vollständig verbinden zu können.
Die emotional erlösten Erfahrungen des Menschen, die er vorlebt, bringen durch seine Ausstrahlung neues Licht und Hoffnung auf diese Erde.

Weitere Lebensjahre: Alle weiteren Lebensjahre können als Vorbereitung auf die zukünftigen Inkarnationen oder auf das Aufsteigen in die Himmelssphären betrachtet werden. Der Schutzengel hüllt den Menschen weiterhin ein wie einen Neugeborenen.

Entwicklungsstufen sind individuell. Natürlich entwickeln sich die Menschen unterschiedlich schnell, denn jeder begreift seine eigenen Möglichkeiten anders und bestimmt den Weg auf seine Weise und in eigener Geschwindigkeit. Obige Darstellung entspricht einer Orientierung aus dem Höheren Plan und göttlicher Absicht für die Menschen.
Oft spielen für den Menschen alle Eigenschaften gleichzeitig eine Rolle. Im entsprechenden Alter sollten jedoch die Schwerpunkte der Entwicklung nicht vergessen werden.

Es ist zu erkennen, dass im Laufe der menschlichen Entwicklung die Persönlichkeit mitwächst. Deshalb verändern sich auch die natürlichen Bedürfnisse des Menschen und somit auch der Schwerpunkt im Wirken seines Schutzengels.

Selbstverständlich können sich die Gestalt und der Aufenthaltsort wie auch das Wirken des Schutzengels jeden Augenblick verändern. Denn dies ist vom freien Wirken und Willen des Menschen abhängig. Die vorausgegangene Beschreibung stellt nur einen göttlichen Plan im Wirken des Schutzengels dar.

- Jeder Mensch trägt einen lichtvollen, erfüllenden göttlichen Plan.
- Jede Lebensphase hat ihre Sinnerfüllung.
- Der Schutzengel ist immer da.

5. Das Leben mit Hilfe der Schutzengel meistern

*»Weise Menschen kämpfen nicht.
Sie verstehen in Liebe.«*

Der kollektive Lebenssinn aller Menschen liegt in der Liebe. Dazu bedarf es der Liebesfähigkeit und konsequenter Herzensoffenheit. Jedes Kind wird mit einem von Liebe erfüllten Herzen geboren. Durch die Lebenserfahrungen und karmischen Verstrickungen geht diese Eigenschaft jedoch mehr und mehr verloren, so dass jeder auf seinem persönlichen Weg zur Erfüllung des Lebenssinns wieder zurück zur inneren Liebe finden muss.

In diesem Kapitel finden Sie Schutzengelübungen und -gebete für verschiedene Anliegen, die Sie bei Bedarf praktizieren können.

Hinweise zu den Übungen: Lassen Sie sich Zeit und haben Sie Mut, Ihre geistigen Wahrnehmungen in eine Botschaft zu fassen.
Wenn Sie anstelle einer Botschaft Bilder, Farben oder Gefühle wahrnehmen, dann ist das Ihre Botschaft. Wenn z. B. das Gefühl der Freude in Ihnen entsteht, so könnte die Information der Botschaft lauten: »Gehe mit Freude in deine geistigen Wahrnehmungen hinein.«
Mit dem Buch können Sie sich auf die Übungen und die En-

gelsprache vorbereiten, die sich oft über Farben, Symbole und Gefühle zu menschlichen Worten verwandelt.

Wenn Sie während einer Schutzengelübung Müdigkeit verspüren, dann sollten Sie darauf achten, im entspannten Atem zu bleiben und sich nicht allzu stark auf die Botschaft zu konzentrieren.
Wenn Sie während des Empfangens Ihrer Bilder und Botschaften die Gedanken aus Ihrem Kopf und Ihre Bewertungen nicht loslassen können, so ist es eine Sache des mangelnden Selbstvertrauens. Übung macht den Meister.
Wenn Sie, anstatt einen Schutzengel zu sehen, immer wieder eher geistige Symbole empfangen, so bedeutet das, dass Ihr Drittes-Auge-Chakra dabei ist, sich zu öffnen, und dass Sie auch schon bald Engel sehen können werden.
Wenn Sie gar keine geistigen Bilder sehen und keine Empfindungen spüren, so kann es daran liegen, dass Sie vielleicht unterbewusst Wut in sich tragen und Ihnen der Anlass der Wut nicht aus dem Kopf geht. Oder Sie fühlen sich unter Druck gesetzt, oder Sie sind müde. Wenn dieser Zustand vorbei ist, öffnet sich Ihr Herz wieder, und Sie können geistig sehen und fühlen.

Die Meditationen und Übungen in diesem Kapitel dienen in erster Linie der Entwicklung Ihrer Selbstwahrnehmung. Es ist sowohl für die irdische als auch für die geistige Welt sehr wichtig, dass Sie sich selbst immer mehr und immer besser kennen lernen und auch lernen, Ihre innere Mitte zu finden und zu bewahren. Ohne diese Selbsterkenntnis wird es nur bedingt möglich sein, zu Klarheit und innerer Wahrheit zu kommen und zu einem echten eigenen Erleben der Engel zu gelangen. Eine Aufnahme und Übermittlung von Engelbotschaften ist ohne diese Voraussetzung ohnehin nicht denkbar.

Schutzengel und Lebenssinn

In unserer leistungsorientierten Gesellschaft herrscht weit verbreitet der Irrtum vor, dass ein Mensch geboren wird, um eine Aufgabe im Außen zu erfüllen. Daher entstehen solche Meinungen wie »Ich bin dazu da, die Firma der Eltern zu übernehmen«, »Ich bin dazu da, Karriere zu machen und ein Haus zu bauen«. Wir identifizieren uns dann mit einer Rolle, die es bestmöglich auszufüllen gilt. Erst wenn Schicksalsschläge wie Krankheiten und Verluste entstehen, bemerken wir die dahinterstehende Motivation: das Bedürfnis, immer gefallen zu wollen, Anerkennung zu bekommen. Leider erkennen wir dann oft zu spät, dass der Lebenssinn nicht in der Materie zu finden ist. Denn die Materie ist nur ein Hilfsmittel für den inneren Ausdruck. Also liegt der Lebenssinn im Inneren, weil die Seelen durch unsere Gefühle einen Ausdruck brauchen. Der Lebenssinn hat immer mit unserer Seelenbefindlichkeit und der zu entwickelnden Charaktereigenschaft zu tun. Wenn wir diesem Herzensruf folgen, finden wir einen heilsamen Ausdruck auch im Außen, im Privaten wie auch im Beruflichen.
Es lohnt sich, immer wieder dem inneren Bedürfnis zu folgen und sich – mit Hilfe seines Schutzengels – anzuschauen und zu erkennen: Wofür bin ich da, und wie gezielt bewege ich mich in meiner Entwicklung im Innen und im Außen dorthin?

Schutzengelübung zum Lebenssinn

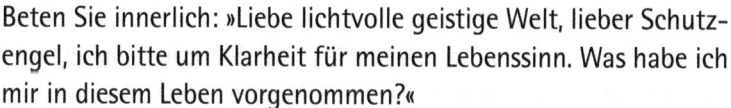

Setzen Sie sich bequem hin und schließen Sie Ihre Augen.
Entspannen Sie Ihren Körper.
Atmen Sie mit einem inneren Lächeln.

Beten Sie innerlich: »Liebe lichtvolle geistige Welt, lieber Schutzengel, ich bitte um Klarheit für meinen Lebenssinn. Was habe ich mir in diesem Leben vorgenommen?«

Lassen Sie sich Zeit, damit diese Frage in Ihnen nachwirken kann.
Schauen Sie innerlich nach vorne.
Stellen Sie sich einen Horizont vor. Vielleicht taucht eine Berglandschaft oder ein Seeufer vor Ihnen auf.

Welche Farben sehen Sie? Welche Elemente wirken dabei: Wasser, Erde, Luft oder Feuer?
Beobachten Sie, ohne zu urteilen.

Spüren Sie die liebevolle Anwesenheit Ihres Schutzengels, und beobachten Sie, was er in diesem Bild macht. Lässt er die Kraft des Bildes im Lichtstrom in Ihr Herz fließen? Beobachten Sie, wie sich Ihr Gefühl weiterentwickelt.

Fragen Sie ihn innerlich noch einmal: »Was ist mein Lebenssinn?«
Spüren Sie die Bedeutung aller Bilder in Ihren Gefühlen, und erleben Sie das wesentliche Gefühl, für das Sie inkarniert sind.

Lassen Sie sich auf dieses positive Gefühl so weit ein, dass Sie noch angenehm atmen und lächeln können.

Muten Sie sich nur so viel Veränderung zu, wie es für Sie stimmig ist.
Aber bedenken Sie, dass Sie durch Ihre Liebe im Herzen bereits jetzt über die Begrenzungen hinauswachsen können und in dieser Lebenskraft erfüllt stehen.

Atmen Sie tief in dieser Lebenskraft ein und aus, und erleben Sie die Lebenskraft immer mehr.
Machen Sie sich bewusst, dass alles, was Sie erlebt haben und erleben werden, nur Ihrem inneren Lebenssinn dient.

Sagen Sie aus vollem Herzen »Ja« zu Ihrem Lebenssinn und zu sich.

Spüren Sie Dankbarkeit in Ihrem Herzen.

Sprechen Sie nun bitte innerlich dreimal folgenden Satz:
»Gottes Liebe erfüllt meine Seele, ich spüre Dankbarkeit und Vertrauen.«

Atmen Sie dreimal tief durch, und kommen Sie langsam zu sich.

Um den Entwicklungsweg zur inneren Erfüllung zu unterstützen, empfehle ich folgendes Gebet.
Nutzen Sie es, wenn Sie einen inneren Ruf danach verspüren und wenn entscheidende Veränderungen in Ihrem Leben anstehen, damit diese in die richtige Richtung gesteuert werden.

Schutzengelgebet zum Lebenssinn

»Liebe lichtvolle geistige Welt, lieber Schutzengel.
Bitte steh mir bei, meinen Lebenssinn zu erreichen.
Ich weiß, dass ich es kann und meiner Aufgabe gewachsen bin.
Bitte hilf mir, in meiner Kraft zu bleiben und es zu vollenden.
In meiner Aufmerksamkeit bleibe ich dabei. Amen.«

Mangelnde Selbstliebe. Jeder kann zum lebensbejahenden Sinn des Lebens gelangen, wenn er aus wahrer Selbsterkenntnis heraus begreift, worin seine eigentliche Aufgabe besteht. Somit ist jeder Einzelne gefordert, sich auf seine Selbstwahrnehmung zu besinnen und auf die aktive Auseinandersetzung mit dem Leben. Denn alles dient dem höheren Sinn, und nur in Dankbarkeit werden wir dies auch verstehen.
Viele Menschen stehen im Konflikt mit ihrem Lebenssinn, weil sie nicht wirklich wissen, was Liebe ist. Manche bekommen Schuldgefühle, wenn sie sich glücklich und geliebt fühlen. Sie meinen, Glücklichsein sei egoistisch. Sie gestehen sich Glück und Fülle nicht zu. Andere leiden an ihrem Überreichtum, haben Angst, diesen zu verlieren, und merken nicht, dass ihr Besitz sie in Besitz genommen hat. Andere sind erfolglos und

unzufrieden und schüren ihre eigene Hilflosigkeit. Wiederum andere leiden unter ihren religiösen Einschränkungen und falschen Moralvorstellungen, anstatt wahre individuelle und mitmenschliche Werte zu entwickeln. Es gibt Menschen, die unter Liebesentzug leiden, und solche, die Hass auf ihre Mitmenschen haben.

Aber alle haben eins gemeinsam: Sie schränken sich selbst ein und pflegen ihre Lieblingsangst, um nur nicht ihren Lebenssinn zu erkennen. Diese Selbstsabotage ist mangelnde Selbstliebe, mangelndes Selbstvertrauen, mangelndes Vertrauen in die Menschen und mangelndes Urvertrauen in die göttliche Schöpfung.

Materielles nicht missachten. Das Materielle nicht in den Vordergrund zu stellen bedeutet nicht, es gänzlich außer Acht zu lassen. Es ist ganz wichtig, sich nicht unbewusst einzuschränken. Materialistische Ziele sollten mit dem Liebes- und Lebensgefühl im Einklang sein. Denn lieben heißt ja nicht, besitzlos leben zu müssen, und auch nicht, in materiellen Existenzängsten verhaftet zu sein. Innerer Reichtum und Im-Fluss-Sein zieht auch Fülle im Außen an.

Es ist notwendig, sich persönliche Ziele zu setzen, denn sonst kann sich auch nichts zum Positiven verändern. Die Erfüllung der persönlichen Ziele ermöglicht es nämlich, sich selbst positiver wahrzunehmen und sich weiter liebe- und lichtvoll zu entwickeln.

Liebe ist Loslassen. Das Lebensmotto sollte sein: »Ich nutze das Leben, finde mein Glück und meine Liebe – denn wo Liebe ist, kann Angst nicht sein.« Für dieses fließende Gefühl sind wir auf der Erde. Wir benötigen es im irdischen Leben wie auch im Jenseits, in der geistigen Welt. Das wahre Glück erlebt man im Gefühl, nichts festhalten zu wollen. Festhalten ist Angst, Loslassen ist Liebe. Wir können nichts im Außen festhalten oder kontrollieren. Denn alles ist vergänglich, außer der Seele und dem Geist, und alles unterliegt dem freien Willen des Menschen. Diese Haltung erfordert Vertrauen ins Leben und in die Schöpfung. Fangen Sie hier und jetzt, mit jedem einzelnen Atemzug, damit an. Wir leben nicht, um zu kämpfen und schließlich zu sterben; wir leben, um uns zu entwickeln. Die Qualität bestimmt jeder mit seinem freien Willen selbst, denn es kommt darauf an, aus welcher inneren Lebenseinstellung heraus Sie Ihr Dasein gestalten. Wenn Sie sich selbst Vertrauen schenken, fühlen und wissen Sie, wie Sie Ihr Leben liebevoll und friedvoll meistern können. Es kommt ausschließlich auf Sie an, fangen Sie jetzt damit an!

Hilfe des Schutzengels. Ein guter Weg ist, an die Existenz seines Schutzengels zu glauben und sich diesem zu öffnen. Für die ersten Begegnungen mit dem Schutzengel bieten sich persönliche Fragen an und Fragen, die die persönliche Beziehung zwischen ihm und Ihnen betreffen. Das können z. B. folgende Fragen sein:
»Mein lieber Schutzengel, was ist meine eigene Stärke, meine Gabe?«
»Mein lieber Schutzengel, was hast du mir heute mitzuteilen?«

Ihnen fallen sicherlich noch andere Fragen hierzu ein. Wenn man gelernt hat, diese wesentlichen Fragen zu stellen und Antworten zu empfangen, gewinnt man immer mehr an Sicherheit und Reinheit in den Absichten und kann sich auf weitere Fragen ohne das Einbringen der eigenen Erwartungen einlassen.

Schutzengelübung für eine persönliche Botschaft

Setzen Sie sich bequem hin, und schließen Sie Ihre Augen.
Entspannen Sie Ihren Körper.
Atmen Sie mit einem inneren Lächeln.

Gebet: »Mein lieber Schutzengel, sei bei mir und zeige mir alles, was sinnvoll und lichtvoll für mich ist. Amen.«

Stellen Sie sich vor, dass Sie sich in einem großen weißen Raum befinden.
Schauen Sie innerlich langsam nach vorne, nach rechts, nach hinten, nach links und nach innen.

Ihr innerer Raum dehnt sich nach allen Seiten aus.
Atmen Sie ruhig und tief ein und aus, und beobachten Sie die Farben, die Ihnen begegnen.
Welches Licht erleben Sie vor sich, rechts von Ihnen, hinter sich, links von Ihnen und in sich?
Atmen Sie die Kraft und die Liebe dieser Farben ein und aus.
Spüren Sie, wie Sie dabei immer leichter werden und Ihr tiefer Atem Sie gleichzeitig gut erdet.

Spüren Sie, wo das Licht Ihres Schutzengels sich zentriert.
Wenden Sie Ihren Blick nach vorne. Steht da Ihr Schutzengel?
Schauen Sie nach rechts. Hat sich Ihr Schutzengel dort hingestellt?
Oder wirkt er hinter Ihnen?
Hält er vielleicht Ihre linke Hand?
Oder strahlt er in Ihrem Inneren?

Welcher Glanz und welche Farben fallen Ihnen dabei auf?
Nehmen Sie ihn eher schwebend oder stehend wahr?
Berührt er Sie mit seinen Armen, oder wie ist seine Gestik?
Zeigt er Ihnen seine Lichtflügel?

Betrachten Sie Ihren Schutzengel von unten nach oben:
Fällt Ihnen eine Farbe oder Symbolik an seinem Lichtgewand auf?
Schenken Sie ihm ein Lächeln.

Fragen Sie ihn: »Mein lieber Schutzengel, was hast du mir zu sagen?«
Beobachten Sie, was er dabei macht und welches Gefühl dabei in Ihnen hochkommt.
Lassen Sie sich auf dieses Gefühl immer mehr ein, denn umso deutlicher wird es.
Beobachten Sie, wie dieses Gefühl in Ihnen wirkt und wie es Sie aufrichtet.
Atmen Sie tief durch.
Benennen Sie dieses Gefühl oder diese Botschaft. Verinnerlichen Sie diese, soweit Sie können.

Überprüfen Sie diese Botschaft auf Stimmigkeit. Achten Sie dabei auf Ihren tiefen Atem und Ihr wärmendes Lächeln. Wenn Sie bei diesem Gefühl, den Worten oder Sätzen tief ein- und ausatmen können und herzlich lächeln, dann haben Sie die vollständige Botschaft Ihres Schutzengels empfangen. Ansonsten lassen Sie sich etwas Zeit, damit es sich vervollständigen kann.

Falls in Ihnen noch eine Frage auftaucht, so trauen Sie sich, diese liebevoll und klar an Ihren Schutzengel zu richten.
Atmen Sie geduldig tief ein und aus, und empfangen Sie Ihre Antwort.

Wenn Sie so weit sind, bedanken Sie sich.

Sprechen Sie nun bitte innerlich dreimal folgenden Satz:
»Gottes Liebe erfüllt meine Seele, ich spüre Dankbarkeit und Vertrauen.«

Kommen Sie in dieser Liebe langsam zu sich, und strecken Sie sich.

Warum Gebete wichtig sind. Oft bekommen wir auf eine innere Frage bezüglich unserer Persönlichkeit eine Antwort wie:
»Gehe in die Demut hinein« oder »Gehe in die Freude hinein«.
Vom Intellekt wissen wir, was sich genau hinter der jeweiligen Eigenschaft für das Wachstum unserer Persönlichkeit verbirgt, aber wir können es oftmals gerade dann im Herzen nicht spüren, wenn wir es brauchen. Wenn wir es im Herzen nicht leben, können wir auch keine Lösungen für unsere Probleme entwickeln. Manchmal brauchen wir Stunden, Tage, Wochen, Monate oder sogar Jahre, um eine Herzenseigenschaft authentisch und dauerhaft entwickeln zu können.
In solchen Fällen brauchen wir Gebete. Denn Gebete gehen viel tiefer in unsere Seelenebene zum Höheren Selbst als z. B. Affirmationen und verändern unseren Charakter heilend. Diese Entwicklung verursacht auch positive Veränderungen im äußeren Umfeld. Die Wahrnehmung der äußeren Veränderungen wiederum stellt eine ausgezeichnete Möglichkeit dar, die eigene wahrhafte Entwicklung zu überprüfen.

Üben Sie Geduld. Das Wesentliche dabei ist, dass wir durch die Kraft und das Sprechen der Gebete Geduld üben. Und Geduld ist die wahre Meisterschaft eines jeden Menschen und die Basis für Urvertrauen und Liebesfähigkeit. Sprechen Sie das für Sie passende Gebet drei Wochen lang, dreimal am Tag, morgens, mittags und abends.

Wenn Sie spüren, das Gebet berührt Sie noch innerlich und das Thema ist noch nicht gelöst, so sprechen Sie das gewählte Gebet weitere drei Wochen lang zweimal am Tag, morgens und abends. Bei Bedarf wiederholen Sie das Gebet weitere drei Wochen lang, einmal am Tag, morgens.

Sie können spüren, wie Sie mit jedem Tag immer mehr Erkenntnisse sammeln, sich durch innere Erlebnisse entfalten und sich auch die äußeren Gegebenheiten durch Ihre Weisheit verändern.

Sie können die Wirkung Ihres Gebets durch das Anzünden einer Kerze verstärken.

Die Engel erwarten nicht, dass Sie wortwörtlich Ihren Gebeten folgen, wenn es für Sie noch nicht stimmig ist. In solchen Fällen sind Sie ganz frei und sollen sogar die Wörter im entsprechenden Gebet so verändern, wie es für Sie zum jeweiligen Zeitpunkt stimmig ist. Sie werden sehen, Tag für Tag entwickelt sich Ihr Inneres in diese lichtvolle Richtung, so dass Sie dann die entsprechenden Worte in ihrer tatsächlichen Bedeutung verstehen und anwenden können. Dadurch verliert das Gebet nicht seine ursprüngliche Kraft. Nutzen Sie die Kraft der Gebete.

Um an seinem inneren Potenzial zu arbeiten, empfehlen die Schutzengel dieses Gebet:

> *Schutzengelgebet zum inneren Potenzial*
>
> »*Liebe lichtvolle geistige Welt, lieber Schutzengel.*
> *Bitte steh mir bei, aus meiner inneren Stärke zu wirken.*
> *Ich weiß, dass ich mein Leben meistern kann.*
> *Bitte hilf mir, dies zu erkennen und umzusetzen.*
> *Und ich vollziehe das, was ich zu tun habe. Amen.*«

Schutzengel und Selbstliebe

Kann ich mich selbst lieben? Diese Frage erschüttert oft Menschen, die durch den Gedanken an Schuld und Sünde vorbelastet sind. Aber ist die Liebe nicht auch unsere Existenzgrundlage? Wenn wir die Liebe nicht in uns selbst und zu uns selbst empfinden, wie können wir sie dann bedingungslos anderen Menschen und dem Göttlichen schenken? Sobald ein Liebesdefizit in unseren Herzen vorhanden ist, erwarten wir die Liebe von außen. Und wenn wir sie bekommen, sind wir nicht unbedingt in der Lage, sie auch anzunehmen. Wenn unser Inneres nämlich an den Mangel glaubt, so kann es auch nicht die Fülle im Außen erkennen und annehmen. So, wie der Mensch mit sich umgeht, so geht er auch mit anderen um. Wie innen so außen – Mikrokosmos gleich Makrokosmos.

Bedingungslose Liebe als Selbstliebe. Es ist einer der größten Irrtümer des Menschen, zu glauben, die Liebe, die er braucht, müsse von Eltern, Partnern, Kindern, Kollegen etc. kommen. So funktioniert das aber nicht. Die Menschen spiegeln ihr eigenes Verhalten und Denken in ihren Mitmenschen. Wenn sie weise genug sind, können sie sich in jenen also selbst wiedererkennen. In dieser Resonanz kann man die Liebe durchaus in verschiedensten Schattierungen wahrnehmen. Aber die vollständige und bedingungslose Liebe, die wir wirklich brauchen, kann uns kein Mensch geben, denn jeder vollzieht seine eigene Entwicklung. Die wahre und vollständige Liebe ist in unserem tiefsten Inneren, und wir können sie uns nur selbst schenken. Dies funktioniert natürlich nicht, wenn wir glauben, dass uns etwas fehlt, sondern nur über die geistige Aufrichtung. Wir müssen uns in unserem Glauben an das Gute und in unserem Urvertrauen innerlich erheben. Dabei sollten wir das Herz zu uns selbst nach innen, wie ein inneres Lächeln, öffnen, und uns währenddessen mit dem Kosmos verbinden. Über unser liebevolles Herz sind wir in der Lage, die Liebe des Göttlichen zu empfangen. Erst über die eigene Liebesfähigkeit können wir die göttliche Liebe empfangen.

Selbstliebe ist ein Bewusstseinszustand, ein Gefühl, mit sich im Reinen zu sein, seine Schwächen und Stärken liebevoll anzunehmen, d. h. auch, in der Lage und so weise zu sein, seine Schwächen zu erkennen. Dann kann man sie auch als das betrachten, was sie sind – Schwächen sind nur dazu da, damit die eigenen Stärken noch weiterwachsen können.
Im Zustand der Selbstliebe gibt es keine Polarität oder Resonanz, kein Ringen mit den Dingen. Man lebt dann vielmehr im Frieden mit sich und dem Leben.

Wie sich Selbstliebe anfühlen kann. Liebe zu sich selbst kann sich unterschiedlich anfühlen. Mir sind zwei Arten bekannt. Es kann einem dabei förmlich das Herz aufgehen und man fühlt sich lebendig. Aber die Herzöffnung vollzieht sich nicht nach außen, sondern nach innen. Man weiß – was auch geschieht: Es ist in Ordnung so. Und auf der Basis dieses »Es ist in Ordnung so« kann man auch im Außen seine Ansichten vertreten und dabei glaubwürdig sein.

Selbstliebe kann sich aber auch wie ein warmes, fließendes Öl auf der Haut anfühlen und alles im Inneren von Kopf bis Fuß mit dieser Wärme nähren. Es handelt sich dabei um ein tiefes Gefühl, das trainiert werden will, weil uns Traurigkeit und Trostlosigkeit oft vertrauter sind als Liebe. Deshalb sollen gerade auch Therapeuten, hellsichtige Heiler, Seelsorger – die berufsbedingt immer wieder Gefahr laufen, dem Mitleid mit anderen zu verfallen – ihre Selbstliebe ausprägen. So übernehmen sie Verantwortung für sich und zugleich für die Menschen, denen sie helfen wollen.

Viele glauben, Selbstliebe sei egoistisch; dem ist nicht so. Wir sind in diesem Erdenleben angetreten, um uns in allen Aspekten unseres Seins wahrzunehmen, denn dies können wir im Jenseits nicht. Wir können dort eine wunderschöne Energie sein, aber zur Wahrnehmung benötigen wir einen materiellen Körper und den Austausch mit anderen. Es sollte also selbstverständlich sein, dass sich jeder, der das weiß, sich selbst liebevoll annimmt und erkennt, was für ein wundervolles Wesen er ist. Das wird sich dann auch positiv im Umgang und in den Erlebnissen mit den Mitmenschen widerspiegeln.

Selbstliebe ist also notwendig und schadet niemandem, weil man sich dabei lediglich liebevoll selbst annimmt und niemandem etwas wegnimmt.

Unterschied zwischen Selbstliebe und Egoismus. Falsche Selbstliebe, der Egoismus, entsteht immer aus einer Bedürftigkeit heraus. Wenn wir Liebe fühlen, dann sind wir frei und erfüllt von ihr. Wenn wir Liebe aber nur denken – von ihr reden, sie aber nicht fühlen können –, dann ist Egoismus nicht weit.

Man kann für sich durch die drei Herzensregeln und mit Hilfe der Intuition klar unterscheiden, womit man es gerade zu tun hat.

Kann ich atmen, kann ich innerlich lächeln, bin ich im Kopf frei?

Wenn Sie alles mit Ja beantworten können, dann sind Sie schon in der Liebe der inneren Zuneigung. Diese Selbstliebe ist unabhängig von äußeren Umständen.

Egoismus bedeutet, ich tue etwas, um Anerkennung zu bekommen. Liebe bedeutet, ich gebe mit reinem Herzen, und es kommt vom Kosmos automatisch zurück; ich muss es nicht einfordern.

Wenn man Herzensfreude dabei empfindet und sich selbst besser wahrnehmen kann, dann ist jeder emotionale und materielle Wunsch in Ordnung – solange es keinem anderen schadet. Es ist aber wichtig, dass man dies auch anderen zugesteht und sich an ihrem Erfolg mit erfreuen kann.

In dieser inneren Haltung liegen im Übrigen auch große Chancen für Ihre berufliche Karriere. Wenn Sie neidisch auf Ihre Kollegen sind, und wenn auch nur unbewusst, werden Sie wenig Erfolg haben, an dem Sie sich erfreuen können und der Sie glücklich machen kann.

Liebe ist freilassend und kennt kein Besitzdenken. Alles, was unter Anspannung geschieht und nicht mit innerer Fülle zusammenhängt – mit Akzeptanz, Toleranz, Rücksichtnahme, Verständnis, Unabhängigkeit –, hat nichts mit Liebe zu tun und wird keinen Erfolg anziehen. Lernen Sie also, sich selbst, Ihren Partner, Ihre Kinder und Mitmenschen von Herzen dafür zu lieben, jeder ist so, wie er ist.

Selbstliebe und Herzensoffenheit. Immer wieder aufs Neue werden spirituell orientierte Menschen mit ihrem Bedürfnis konfrontiert, das Herz für die größere Liebesfähigkeit zu sich und den Mitmenschen mehr öffnen zu wollen.

Wir leben dann glücklich, wenn wir uns mit dem Leben und mit den anderen Menschen verbunden fühlen; wenn wir die Dinge so annehmen können, wie sie sind, wenn wir unsere ureigenste Wahrheit spüren; wenn wir Freude erleben und teilen können; Vertrauen und Liebe leben und produktive Erlebnisse anziehen können.

Achten Sie darauf, dass Sie Ihr emotionales Herz in erster Linie für sich selbst und zu sich öffnen, und machen Sie sich deutlich, dass Sie für sich selbst der wichtigste Mensch auf der Erde und der Mittelpunkt Ihres Kosmos sind. Denn erst dann sind Sie so stark in sich, dass Sie mit offenem Herzen auch anderen Menschen begegnen können, ohne verletzt zu werden. Immer wenn Sie sich in einer kritischen Phase befinden, erinnern Sie sich daran, dass Sie Ihr Herz noch mehr für sich selbst öffnen und sich innerlich so umarmen, wie Sie auch Ihr Kind oder einen geliebten Menschen umarmen würden. Dies nennt man Selbstliebe.

Schutzengelübung für ein offenes Herz

Setzen Sie sich bequem hin und schließen Sie Ihre Augen.
Entspannen Sie Ihren Körper.
Atmen Sie mit einem inneren Lächeln.

Beten Sie innerlich: »Mein lieber Schutzengel, lehre mich bitte zu lieben.«

Atmen Sie entspannt und nehmen Sie wahr, wie Sie die Liebe jetzt empfinden.
Fühlt es sich in Ihnen warm und strahlend an, oder neutral?

Stellen Sie sich das Licht Ihres Schutzengels vor, und stellen Sie sich vor, wie er seine lichtvolle Hand auf Ihr Herzchakra legt. Betrachten Sie die Klarheit seines Lichtes und nehmen Sie seine Anwesenheit wahr.
Lächeln Sie ihn an und spüren Sie, wie er Sie anlächelt und wie sich seine liebevolle Schwingung in Ihrer Brust ausbreitet.

Spüren Sie, wie sich Ihre Liebeskraft im Herzen erhöht.
Eine wunderschöne Rose öffnet sich in Ihrem Herzchakra. Atmen Sie diese Liebe mit allen Sinnen ein, und beobachten Sie, wie diese Rose immer größer wird.
Spüren Sie diese Weichheit, riechen Sie den Duft einer Rose, und sehen Sie Ihr Licht, das so groß wird wie Sie.
Alle Ihre Chakras stabilisieren sich nun in dieser Harmonie. Atmen Sie diesen glückseligen Zustand ein und aus.

Erlauben Sie dieser Liebe, größer zu werden und über Ihre Grenzen hinauszugehen.
Atmen Sie tief ein und aus, und genießen Sie.

Sehen Sie sich im Lichtfeld einer wunderschönen rosa Rose eingehüllt. Lächeln Sie in diesem bewussten Zustand der Liebe aus vollem Herzen.

Wenn Sie so weit sind, in die irdische Wirklichkeit zurückzukehren, dann bedanken Sie sich innerlich.

Sprechen Sie nun bitte innerlich dreimal folgenden Satz:
»Gottes Liebe erfüllt meine Seele, ich spüre Dankbarkeit und Vertrauen.«

Atmen Sie dreimal tief durch, und kommen Sie zu sich.

Für die Unterstützung des Liebespotenzials im Herzen zu Ihnen selbst und zu anderen Menschen ist folgendes Gebet sehr gut geeignet.

Schutzengelgebet zur Herzensöffnung

»Liebe lichtvolle geistige Welt, lieber Schutzengel.
Bitte lehre mich, in allen Angelegenheiten in der Liebe
zu bleiben.
Ich weiß, dass ich liebevoll und liebenswert bin.
Bitte hilf mir, in Klarheit zu sein und meine Herzenskräfte zu erweitern.
Denn ich bin bereit, konstant im Licht zu sein. Amen.«

Schutzengel und Partnerschaft

Die Partnerschaft zwischen Eheleuten, Lebenspartnern usw. beschäftigt einen jeden von uns. Das Wichtigste, was man verstehen sollte, ist: Ohne Selbstliebe ist Liebe in der Partnerschaft nicht möglich.

Liebe und Verliebtheit. Was ist die Liebe zum Partner? Betrachten wir zunächst den Unterschied zwischen der Liebe und der Verliebtheit. Liebe entsteht aus dem tiefen individuellen Erleben heraus. Verliebtheit hat nur wenig mit Liebe zu tun, weil sie aus einer Resonanz entsteht. Ein Mensch verliebt sich beispielsweise in einen anderen wegen seiner Haltung, seiner Ausstrahlung, seinem Lächeln. Aber warum fühlt er sich gerade zu diesem Menschen hingezogen?
Hierbei spielt die sexuelle Anziehung über das Resonanzprinzip eine wesentliche Rolle. Was uns am anderen fasziniert, ist so oder ähnlich in uns selbst angelegt. Diese erste Verliebtheitsphase schwächt sich jedoch bald ab. Manchmal früher, manchmal später. Oft lehnen wir sogar nach einiger Zeit die Eigenschaften, die uns anfänglich fasziniert haben, gänzlich ab, weil wir darin, wie in einem Spiegel, unbewusst unsere eigenen Blockaden erkennen, die wir an uns selbst ablehnen.

Liebe hingegen ermöglicht, sich auf einer zwischenmenschlichen Ebene tief zu begegnen, weil man den anderen in seinem So-Sein respektieren, akzeptieren und somit auch lieben kann. Selbstliebe ist dabei eine ganz entscheidende Voraussetzung. Liebe heißt nämlich auch, sich selbst gütig anzuschauen und so sein zu lassen, wie man ist.

Die Phase der Verliebtheit ist vergänglich, meist nach kurzer Zeit, spätestens nach vier Jahren.

Wir werden jedoch immer wieder aufs Neue Partner mit den gleichen Mustern und inneren Verletzungen, wie sie auch in uns angelegt sind, anziehen (Resonanzprinzip). Deshalb wird bei einer erneuten Partnerwahl in den wenigsten Fällen der Wiederholungszyklus durchbrochen. Solange es uns nicht selbst gelingt, uns aus den eigenen inneren Zwängen und Bedürftigkeit zu erlösen, kann sich im Außen nicht viel verändern, da die Resonanz uns in Wiederholungen verstrickt.

Das heißt, dass wir im Prinzip alle den Partner an unserer Seite haben, mit welchem wir uns weiterentwickeln können. Wir können also die Aufgabe und auch die Chance wahrnehmen, miteinander in einem liebevollen Austausch zu leben und unsere Resonanz auf die verletzten Muster und verkehrten Erwartungshaltungen an uns selbst und unseren Partner loszulassen.

Konflikte und Schutzengel. Niemand gehört einem anderen. Sie sind Sie, ein Individuum, genauso wie Ihr Partner und wie alle Ihre Mitmenschen.

In jedem Fall muss man Verantwortung für sich übernehmen. Das bedeutet nichts anderes, als zu sich selbst zu stehen, seine Bedürfnisse klar zu formulieren und nicht zu erwarten, der Partner möge sie einem von den Augen ablesen oder müsste sie doch kennen. Wenn Sie nicht wissen, was Sie wollen, wird Ihnen selbst der liebe Gott nicht helfen können. Das Göttliche ist in Ihnen, die Kraft ist in Ihnen.

Keiner ist perfekt, und dies gilt eben auch in der Partnerschaft. Ein Partner kann einmal schlecht gestimmt sein und Abstand vom anderen brauchen. Statt sein Verhalten auf sich zu beziehen und ihm Vorwürfe zu machen, ist es besser, ihn in liebevoller Haltung zu unterstützen. Sie können ihm z. B. vorschlagen, etwas für sich zu unternehmen. Lassen Sie ihn los und begleiten Sie ihn mit guten Wünschen und Ihrem Segen. So kann das Zusammensein wieder harmonisch sein.

Wenn Sie in der Beziehung immer mehr Krampf und Stagnation erleben und Sie bemerken, in meiner Liebe kann ich nichts mehr bewirken, es gibt keine gemeinsamen Vorstellungen und Ideale mehr, so zeigt dies das Ende der Paarbeziehung an.
Sie können dann auch liebevoll und souverän nein zum Fortbestand in dieser Form der Beziehung sagen und mit geistiger Unterstützung nach einer für beide passenden Veränderung suchen. Das heißt, die Selbstliebe ist weitaus mehr, als seine Fältchen an sich zu lieben. Selbstliebe hat damit zu tun, eine für sich nicht mehr stimmige Beziehung zu verändern, unter Umständen auch zu beenden.

Damit in jeder Beziehung Liebe und Respekt entsteht, ist eine tiefe Weisheit nötig. Dabei können wir von unseren Schutzengeln viel lernen. Denn die Engel sind frei von Resonanz und Erwartungshaltungen.
Wenn wir ihr Wissen annehmen möchten, dann bitten wir Sie in Demut, uns dies zu sagen, was für beide Seiten gut und sinnvoll ist. Dabei erkundigen wir uns auch danach, was wir dazu beitragen können.
Die Menschen, die ohne eine Partnerschaft leben, können ganz bewusst erst einmal ihren Schwerpunkt auf die Beziehung zu sich selbst legen und eher die zweite Übung in diesem Buch: »Schutzengelübung für eine persönliche Botschaft« gezielt praktizieren. Dann kann man sich in der eigenen Beziehung selbst annehmen, sich mit Würde und Liebe begegnen.

So zieht man auch einen Partner an, der diese Eigenschaften in sich trägt. Dann sind beide für eine vertrauenserfüllte Beziehung reif.

Ein Engel wird nicht sagen dürfen: »Verlasse diesen Menschen« oder »Bleibe bei diesem Menschen.« Denn damit würde er in das Karma eingreifen. Er wird Sie vielmehr im eigenen freien Willen unterstützen und einen Impuls für die richtige Richtung vorgeben. Er wird z. B. signalisieren: »Du hast hier noch eine Aufgabe.« Nicht aber: »Du musst hier bleiben.« Er wird vermitteln: »Folge deinem inneren Weg.« Nicht aber: »Geh weg von dort.« Diese Hinweise müssen nicht nur für Beziehungen gelten, sondern auch für Umzüge, Arbeitsplatzwechsel und dergleichen mehr.

Eine sehr gute Unterstützung für Paare, die eine gemeinsame Entwicklung anstreben, ist folgende Übung.

Schutzengelübung für den Lebenspartner

Setzen Sie sich bequem auf zwei Stühlen gegenüber, reichen Sie sich jeweils die rechte Hand und gehen dann in dieser Haltung gemeinsam meditativ in die Schutzengelübung.

Schließen Sie Ihre Augen.
Entspannen Sie Ihren Körper.
Atmen Sie mit einem inneren Lächeln.

Beten Sie innerlich: »Liebe lichtvolle geistige Welt, liebe Schutzengel, bitte führt mich, und teilt mir das mit, was in reiner Absicht und Liebe ist. Amen.«

Spüren Sie in Ihrem Herzen die Liebe. Wenn Sie das Licht Ihrer Liebe beobachten, so werden Sie Ihren Schutzengel bei sich wahrnehmen. Genießen Sie seinen Anblick.
Spüren Sie, mit welchem Gefühl er Sie berührt.
Seien Sie in Ihrer Kraft und Zuversicht.

Fragen Sie innerlich Ihren Schutzengel: »Lieber Schutzengel, was kann ich für meinen Partner tun?«
Atmen Sie tief und ruhig ein und aus.

Betrachten Sie seine Gestik und Ihr Gefühl. Legt Ihr Schutzengel z. B. seine Lichthand auf seine Brust und teilt Ihnen mit: »Bleibe in deiner Liebe«?
Dann verinnerlichen Sie diese Wahrheit, und Ihre Gefühle stabilisieren sich.

Wenn Sie so weit sind, dann bedanken Sie sich bei ihm, und wenden Sie Ihren inneren Blick auf Ihren Lebenspartner.

Stellen Sie sich Ihren Lebenspartner vor.
Bleiben Sie bei Ihrem tiefen und ruhigen Atmen.
Beobachten Sie, wo sich das meiste Licht um Ihren Partner herum ansammelt. Sehen Sie es in ihm, vor oder hinter ihm, rechts oder links von ihm?

Lächeln und beten Sie in Ihrem Herzen: »Lieber Schutzengel meines Partners, bitte zeige dich mir.«

Beobachten Sie, wie der Schutzengel Ihres Partners auf Sie zukommt.
Achten Sie auf seine Farben und Gestik.
Atmen Sie dabei ruhig und gelassen.

Fragen Sie den Engel liebevoll: »Möchtest du mir eine Botschaft für meinen Partner übergeben? Was möchtest du ihm sagen?«

Beobachten Sie, was sein Schutzengel dabei macht und was für ein Gefühl in Ihrem Herzen entsteht. Atmen Sie ruhig und tief.

Wenn Sie so weit sind, dann fragen Sie den Schutzengel Ihres Partners: »Lieber Schutzengel, was kann ich für meinen Partner tun?«

Beobachten Sie, ob sich die Haltung des Schutzengels dabei verändert und ein neues Gefühl in Ihnen entsteht.

Überprüfen Sie diese Botschaft auf Stimmigkeit und Vollständigkeit durch Ihren tiefen Atem und ein herzliches Lächeln. Dabei wird die Botschaft noch klarer. Lassen Sie sich dabei ruhig etwas Zeit.

Wenn Sie so weit sind, bedanken Sie sich innerlich bei den Schutzengeln und bei Ihrem Partner.

Sprechen Sie nun bitte innerlich dreimal folgenden Satz:
»Gottes Liebe erfüllt meine Seele, ich spüre Dankbarkeit und Vertrauen.«

Atmen Sie dreimal tief ein und aus, und kommen Sie in Ihrer Liebe zu sich.

Schutzengelgebet für die Partnerschaft

*»Liebe lichtvolle geistige Welt, lieber Schutzengel.
Bitte steh mir in deiner Weisheit in meiner Partnerschaft bei.
Ich weiß, dass ich schön und liebenswert bin und diese Eigenschaften auch in meinem Partner vorhanden sind.
Bitte hilf mir, Vertrauen zu mir, zu meinem Partner und zu meinen Mitmenschen aufzubauen, und ich vollziehe meinen Schritt. Amen.«*

Schutzengel und Ihr Kind

Wahre Liebe zum Kind ist Fürsorge, aber eine Fürsorge, die die kindliche Persönlichkeit frei entfalten lässt. Oft sind Eltern selbst sehr liebesbedürftig und geraten in Abhängigkeit vom Kind. Kinder werden in diesem Fall als Besitz verstanden und aus einer Haltung des Misstrauens gegenüber der Welt erzogen.

Begleitung zur Unabhängigkeit. Kinder sind eigenständige Wesen; sie werden in eine Familie hineingeboren, damit sie von ihr ins Leben begleitet werden können.

Eltern sollten ihre Kinder zu Eigenverantwortung und Unabhängigkeit anleiten. Kinder zu verhätscheln hat nur wenig mit Liebe zu tun. Auch Antiautoritär zu sein, kann nicht der Weisheit letzter Schluss sein; es geht um ein gesundes Mittelmaß. Eltern versuchen so lediglich, das Defizit ihrer eigenen Selbstliebe durch die Kinder zu kompensieren. Antiautoritäre Erziehung vermittelt dem Kind keine Lebensstruktur, das Kind erfährt keine Grenzen, auf die es im Leben vorbereitet werden muss. Auch diese Form der Erziehung kann dazu führen, dass das Kind als Erwachsener abhängig bleibt.
In erster Linie müssen wir uns selbst erziehen, und wir können durch unsere Kinder viel lernen. Wir sollten aufmerksam beobachten, wann das Kind uns braucht und wie viel Unterstützung es benötigt. Wenn wir aufmerksam darauf achten, dass wir nicht zu viel tun, das Kind nicht bevormunden, gestehen wir ihm seine eigene Entwicklung zu und können es begleitend unterstützen. Braucht ein Kind die Eltern nach dem Gehen-Lernen beispielsweise nicht mehr zum Festhalten, dann ist es sehr wichtig, dass die Eltern das Kind auch freigeben.

Die Eltern sollten sich vielmehr an der wachsenden Selbständigkeit des Kindes erfreuen. Durch die fortschreitende Abnabelung des Kleinen bleibt einem selbst schließlich auch mehr Zeit für die eigene Entwicklung. Das ist Harmonie, das sind Liebe und Selbstliebe, Geben und Nehmen. Kinder schulden uns nichts. Die Selbständigkeit, die von ihrer Seite aus freiwillig entsteht, zeigt, wann das Kind reif ist, seine Persönlichkeit umfassend auszubilden. Genau das sollte auch der Anspruch an Erziehung sein – die Kinder auf ihrem Weg in die Eigenständigkeit zu begleiten. Das ist es, was Eltern ihren Kindern schenken können.

Wenn die Entwicklung in der eigenen Kindheit, Pubertät und Teenagerzeit nicht heilsam verlaufen ist, muss man die Beziehung zu den Eltern als Erwachsener heilen, Grenzen ziehen und sein Herz in Selbstliebe öffnen. Kinder kann man nicht besitzen oder in irgendeiner Weise über sie verfügen. Es sollte vielmehr das bewusste Anliegen aller Eltern sein, eine liebevolle, freundschaftliche und vertrauensvolle, vor allem aber ebenbürtige Beziehung zu ihnen aufzubauen. Dies erfordert große Weisheit und bringt ein Höchstmaß an Freiheit für alle Beteiligten.

Wahre Liebe ist nur durch geistige Anbindung möglich, sonst kann bewusster oder auch unbewusster »Missbrauch« entstehen. Das geschieht z. B. dann, wenn man sein Kind als Partnerersatz betrachtet, weil man nicht allein sein kann. Jede zwischenmenschliche Beziehung sollte jedoch als solche geschätzt werden.
Liebe hat immer auch mit Loslassen zu tun, denn nur so können wir wahre Verantwortung tragen. Eine Verantwortung, die die Engel und das Göttliche am Geschehen und an Lösungsfindungen mitwirken lässt.

Mit Weisheit, Verständnis und durch Urvertrauen ins Göttliche können wir es schaffen, uns immer mehr dahin zu entwickeln. Je näher wir dem Ziel kommen, desto freier und liebevoller werden wir uns fühlen.

Den Schutzengel des Kindes sehen. Die Schutzengel der Kinder zu sehen, ist besonders anspruchsvoll. Denn gerade in Beziehung zu unseren Kindern neigen wir zu Erwartungen, Vorurteilen und mangelnder Aufmerksamkeit. Erst wenn wir die Kinder, die ja noch mit den Eltern, besonders mit der Mutter, energetisch stark verbunden sind, getrennt als eigene Wesen betrachten können und ihnen mit Respekt und Liebe begegnen, können wir ihre Wesenheit und ihre Reinheit erkennen und dürfen ihre Schutzengel sehen.

Wir müssen vorher alle bewussten wie auch unbewussten Erwartungshaltungen, die früher an uns gerichtet wurden und die wir unbewusst, wenn auch verändert, auf unsere Kinder projizieren, loslassen, um das Kind als eigenständiges Individuum erkennen zu können.

Dann erst erfahren wir, welche Lichtkraft und Stärken es in sich trägt und können auch an und von ihm lernen. Wir erfahren, was unser Kind wirklich braucht und was wir als Eltern dabei tun können. Denn diese Art widerspiegelt auch Gottvertrauen durch das Vertrauen in unsere Kinder. Freuen wir uns darauf, kompetente und im Herzen starke Eltern sein zu können.

Wir sollten für die Information, die uns der Schutzengel des Kindes mitteilt, dankbar sein und nicht nach mehr fordern. Denn wir dürfen nicht alles über das Kind wissen, weil wir sonst seine freie Entwicklung mit unserer unbewussten Erwartungshaltung blockieren würden. Der Schutzengel weiß schon, was er mitteilen darf!

Schutzengelübung für sein Kind

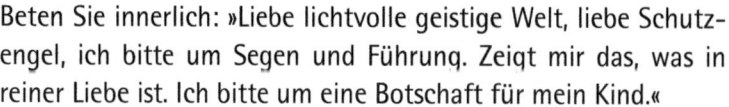

Setzen Sie sich bequem hin und schließen Sie Ihre Augen.
Entspannen Sie Ihren Körper.
Atmen Sie mit einem inneren Lächeln.

Beten Sie innerlich: »Liebe lichtvolle geistige Welt, liebe Schutzengel, ich bitte um Segen und Führung. Zeigt mir das, was in reiner Liebe ist. Ich bitte um eine Botschaft für mein Kind.«

Spüren Sie Liebe in Ihrem Herzen und verbeugen Sie sich innerlich in Demut.

Sehen Sie Ihr Kind in Ihrem inneren Bild vor sich. Denken Sie daran, wie es lacht oder schaut.
Spüren Sie in Ihrer Brust so viel Liebe wie nur möglich. Dabei wird das Licht um das Kind herum immer deutlicher.
Lassen Sie Ihren Blick um das Kind herum kreisen.
Atmen Sie tief, und lächeln Sie, denn umso deutlicher werden die Farben in seiner Aura.
Was für Farben sehen Sie? Wie strahlend sind sie?

Sprechen Sie innerlich: »Lieber Schutzengel meines Kindes, was möchtest du mir sagen?«

Atmen Sie tief durch, und beobachten Sie, wie aus dem Licht in der Nähe des Kindes sein Schutzengel hervortritt.

In welchen Farben strahlt der Schutzengel?
Hüllt der Schutzengel das Kind ein, oder macht er eine andere Geste?

Lächeln Sie den Schutzengel an, und spüren Sie, ob er Ihnen eine Botschaft überbringen möchte.
Spüren Sie dieses Licht und seine Wärme in Ihrem Herzen, und Sie werden die Botschaft erleben.

Fragen Sie den Schutzengel des Kindes: »Was braucht mein Kind von mir?«
Beobachten Sie dabei, welche Haltung sein Schutzengel Ihnen gegenüber annimmt. Was spüren Sie bei dieser Begegnung? Was teilt er Ihnen mit?

Überprüfen Sie diese Botschaft auf Stimmigkeit und Vollständigkeit durch Ihren tiefen Atem und ein herzliches Lächeln. Dabei wird die Botschaft noch klarer. Lassen Sie sich dabei ruhig etwas Zeit.

Sprechen Sie nun bitte innerlich dreimal folgenden Satz:
»Gottes Liebe erfüllt meine Seele, ich spüre Dankbarkeit und Vertrauen.«

Wenn Sie so weit sind, bedanken Sie sich innerlich beim Schutzengel und beim Kind.
Atmen Sie dreimal tief durch und kommen Sie zu sich.

Für die Unterstützung des eigenen Kindes empfiehlt sich folgendes Gebet:

> *Schutzengelgebet für unsere Kinder*
>
> »Liebe lichtvolle geistige Welt, lieber Schutzengel.
> Bitte helft mir, meine Elternrolle lichtvoll auszuüben.
> Ich weiß, dass ich stark und liebevoll bin.
> Lieber Schutzengel meines Kindes, ich bitte um Segen und Schutz für mein Kind. Auch meine Liebe begleitet es.
> Möge jeder seinen erfüllten Weg gehen und in Liebe mit allem verbunden sein. Amen.«

Schutzengel und Mitmenschen

Oft werden wir mit den Problemen unserer Mitmenschen konfrontiert. Zum Beispiel sucht ein Freund oder eine Freundin bei uns einen Rat. Manchmal wissen wir nicht genau, wie wir uns dem Chef oder Kollegen gegenüber richtig verhalten sollen.
Therapeutisch, heilerisch, pädagogisch und lehrend tätige Menschen möchten oft mehr als eine angelernte Hilfestellung geben.
Gerade in solchen Situationen ist es wichtig, zunächst unserem Gegenüber genau zuzuhören. Es ist weiterhin wichtig, neutral und emotionslos der geistigen Welt zuzuhören, um deren Botschaften sowie deren Umsetzung unverfälscht weiterzugeben. Sonst kann es vorkommen, dass wir anderen Ratschläge geben, die eigentlich nur für uns selbst zutreffen. Es kann durchaus vorkommen, dass wir uns unseren Mitmenschen gegenüber voreingenommen und beladen mit eigenen Denkmustern verhalten. Dies kann jedoch in beruflichen wie auch privaten Beziehungen schädlich sein. Wir wissen, nur mit dem Herzen sieht man gut, denn für die Augen ist das Wesentliche nicht sichtbar. Also wollen wir dieses Verhalten ändern und alle Dinge aus der Herzensperspektive betrachten, die uns unsere Schutzengel durchgeben.
Wenn wir für einen anderen Menschen etwas erfahren möchten, so darf dies selbstverständlich immer nur in reiner Absicht geschehen. Dies bedeutet, dass wir in seinem Interesse, für sein Wohl handeln, und nicht, dass wir ihn für eigene Interessen zu manipulieren versuchen. Ebenso dürfen wir selbstverständlich immer nur im Beisein des anderen oder zumindest mit seiner Zustimmung aktiv werden.

Schutzengelübung für einen Mitmenschen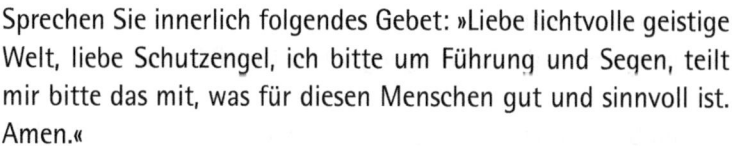

Setzen Sie sich bequem hin, und schließen Sie Ihre Augen.
Entspannen Sie Ihren Körper.
Atmen Sie mit einem inneren Lächeln.

Sprechen Sie innerlich folgendes Gebet: »Liebe lichtvolle geistige Welt, liebe Schutzengel, ich bitte um Führung und Segen, teilt mir bitte das mit, was für diesen Menschen gut und sinnvoll ist. Amen.«

Denken Sie an einen Menschen, dem Sie mit einer Engelbotschaft helfen möchten, und schenken Sie ihm ein Herzenslächeln.
Erspüren Sie mit Ihrem Lächeln, wie es diesem Menschen geht.

Aus der Brust dieses Menschen leuchtet das ewige Licht der Liebe. Nehmen Sie dieses wahr.
Beobachten Sie, wie dieses Licht nach oben zum Himmel strahlt.
Nehmen Sie wahr, wie sich dieses Herzenslicht nach unten ausbreitet.
Wie strahlt es seitlich von diesem Menschen aus?
Welche Kraft breitet sich hinter ihm aus?
Beobachten Sie, wie dieses Licht in seinem Körperinneren wirkt.
Achten Sie darauf, wo sich dieses Licht besonders zentriert.

Sprechen Sie lächelnd: »Lieber Schutzengel, was hast du ihm zu sagen?«
Beobachten Sie, ob das Licht um diesen Menschen herum nun deutlicher und farbenfroher wird.
Beobachten Sie, wie dieses Licht fließt und zu einer Schutzengelgestalt wird.
Spüren Sie, wie groß sich sein Schutzengel Ihnen zeigt. So groß

wie dieser Mensch oder größer oder kleiner? Ist der Schutzengel in einer ruhigen Haltung oder bewegt er sich?

Beobachten Sie, ob das Lichtgewand des Schutzengels funkelt, ob es Farben und Symbole trägt.
Atmen Sie gelassen tief ein und aus.
Sehen Sie, ob der Schutzengel seinen Schützling berührt oder etwas anderes macht.
Wie nehmen Sie die Schwingung seiner Lichtflügel wahr?

Spüren Sie in Ihrem Herzen, was der Schutzengel mit seiner Haltung und Farbe seinem Schützling mitteilen will.
Trauen Sie sich, Ihr Gefühl und Ihre Wahrnehmungen in Worte zu fassen.
Daraus entsteht wie von selbst ein stimmiger Satz für den anderen Menschen.

Überprüfen Sie diese Botschaft auf Stimmigkeit und Vollständigkeit durch Ihren tiefen Atem und Ihr herzliches Lächeln. Dabei wird die Botschaft noch klarer. Lassen Sie sich dabei ruhig etwas Zeit.

Wenn Sie so weit sind, bedanken Sie sich innerlich beim Schutzengel für die Botschaft.

Atmen Sie dreimal tief durch, fühlen Sie Liebe in Ihrem Herzen, und kommen Sie langsam zu sich.

Für die Unterstützung eines Mitmenschen und/oder Heilung der Beziehung empfehlen die Schutzengel folgendes Gebet:

> ### Schutzengelgebet für einen Mitmenschen
>
> »Liebe lichtvolle geistige Welt, lieber Schutzengel.
> Ich bitte um Segen für meine Angelegenheit und die des anderen.
> Bitte steh mir bei, dass ich ein tiefes Verständnis für diese Situation entwickle.
> Ich weiß, dass ich die Lösung finden werde.
> Bitte hilf mir, meinen eigenen Weg zu gehen, und hilf diesem Menschen, den seinen zu finden. Amen.«

Schutzengel im Alltag

Die größte Herausforderung eines spirituellen Menschen ist es, die geistige Anbindung in seinem Alltag aufrechtzuerhalten. Wenn das tägliche Leben vorwiegend von Stimmigkeit und Harmonie geprägt ist, fällt es naturgemäß auch leichter, fröhlich und herzensoffen zu sein. Wenn hingegen Ängste dominieren, wie Existenz-, Versagens- oder Verlustängste, so wird der Alltag zur Herausforderung und Bewährungsprobe. Die im Unterbewusstsein abgespeicherten Ängste unseres »inneren Kindes« rebellieren deshalb, weil die Seele geheilt werden will. Diese Ängste melden sich jede einzelne Nacht zu Wort, wenn das Bewusstsein schläft. Wir verarbeiten nachts nicht nur unterbewusst den vergangenen Tag, sondern unsere gesamte

Vergangenheit, was frühere Leben mit einschließt. Somit ist es nicht verwunderlich – ganz gleich, ob man sich nun an seine Träume erinnert oder nicht –, dass man morgens manchmal zerschlagen aufwacht oder sogar leicht depressiv ist. Um dem entgegenzuwirken und den inneren Heilungsprozess zu unterstützen, sollte man schon am Morgen seinen Tag aufmerksam und ruhig beginnen. Ich empfehle dafür die nachfolgende Schutzengelmeditation.

Durch diese Form der inneren Achtsamkeit zieht man dann nicht noch zusätzliche Probleme an. Denn mit einer Haltung der Achtsamkeit geht man automatisch viel besser mit sich und seinem Umfeld um. Man lebt offener und ehrlicher, weil man mit dem Fluss des Lebens fließt.

Außerdem lässt man sich durch diese Offenheit auch ganz anders auf den Tag mit all seinen Ereignissen ein, als wenn man innerlich verschlossen durch das Leben ginge.

Der Sinn der Übung ist es, dass Sie Tag für Tag die jeweils richtige, für Sie passende und für Ihre Entwicklung stimmige Grundhaltung zu Ihrem Leben und zu sich selbst annehmen. Die Übung kann bis zu einer halben Stunde dauern, sie kann jedoch auch dann sehr hilfreich sein, wenn Sie sie kürzer durchführen. Wesentlich ist, dass Sie sich den ganzen Tag über immer wieder an die einmal gefundene innere Grundhaltung erinnern und immer wieder in diese Haltung zurückfinden. Dann wird allmählich Ihr ganzer Alltag zu einer Schutzengelmeditation werden. Vor allem dann, wenn Schwierigkeiten im Alltag auftauchen, sollten Sie sich an diese morgendliche Meditation erinnern und ausführen. Nur so wird das spirituelle Leben in der Praxis Wirklichkeit; sonst bleibt das nur Theorie und Wunschdenken. Es ist günstig, die Übung nach dem Frühstück auszuführen, wenn Sie gut geerdet sind und der Tag beginnt.

Schutzengelmeditation für jeden Tag

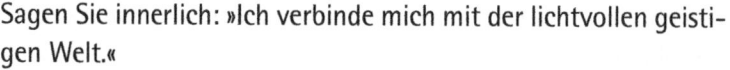

Setzen Sie sich bequem hin und schließen Sie Ihre Augen.
Entspannen Sie Ihren Körper.
Atmen Sie mit einem inneren Lächeln.

Sagen Sie innerlich: »Ich verbinde mich mit der lichtvollen geistigen Welt.«
Stellen Sie sich dabei vor, wie in Ihnen eine Lichtsäule entsteht, vom Wurzelchakra nach oben durch alle Chakras, bis in den Himmel hinein.

Atmen Sie tief durch und sprechen Sie innerlich: »Ich bitte um Schutz.«
Stellen Sie sich dabei eine liegende Lemniskate vor, das Symbol einer liegenden Acht.

Atmen Sie tief durch und sprechen Sie innerlich: »Ich bitte um Segen für mich.«
Vergegenwärtigen Sie sich dabei einen Lichtkreis um Sie herum, als ob sich ein Lichtmantel um Ihre ganze Aura legt.
Fühlen Sie sich geborgen.

Atmen Sie tief durch und fühlen Sie, welche Menschen Ihnen besonders am Herzen liegen. Sprechen Sie innerlich: »Ich bitte um Segen für meine Lieben.«
Stellen Sie sich nun auch Ihre Lieben in einem Lichtkreis vor.
Lächeln Sie sie an, und überlassen Sie sie den lichtvollen Händen.

Atmen Sie tief durch und sprechen Sie innerlich: »Ich bitte um Segen für meinen Lebensweg.«
Stellen Sie sich einen Lichtweg vor, der vor Ihnen liegt, und fühlen

Sie hinein. Beobachten Sie, in welchen Farben, Symbolen und in welcher Größe sich der Weg Ihnen zeigt.
Fragen Sie innerlich: »Was möchte mir mein Lebensweg mitteilen?«
Lassen Sie in sich ein warmes, stimmiges Gefühl entstehen, und spüren Sie, ob alles in Ihrer Zukunft frei ist oder ob Sie etwas bedenken sollten.
Je mehr Sie im Herzen lächeln, umso strahlender und glücklicher wird Ihr Weg.
Atmen Sie dreimal tief durch.

Sie sind nun in Ihrem Gleichgewicht. Freuen Sie sich auf Ihren Schutzengel und lächeln Sie in Ihrem Herzen.
Sprechen Sie innerlich: »Mein lieber Schutzengel, du bist in meinem Leben willkommen. Sei bei mir und führe mich. Wirke durch meine liebevollen Taten. Teile mir bitte mit, welche innere Haltung für meinen heutigen Tag wichtig ist.«

Spüren Sie die Wärme in Ihrem Herzchakra. Beobachten Sie, wie aus Ihrem Lächeln ein Strahlen entsteht und sich zu allen Seiten hin entfaltet.
In diesem Licht können Sie Ihren Schutzengel und seine wunderbaren Farben spüren und sehen.
Nehmen Sie wahr, welche Kraft er Ihnen schickt und wie diese Kraft in Ihrem Inneren aufsteigt.

In dieser neuen Kraft lassen Sie in Ihrem Herzen ein lichtvolles Kreuz entstehen.
Atmen Sie tief ein, wobei sich in Ihrer Vorstellung ein Lichtkreuz nach oben in den Himmel entfaltet und Sie mit den Lichtkräften verbindet.
Atmen Sie aus und fühlen Sie, wie das Lichtkreuz nun auch tief in die Erde hineingeht und Sie stärkt.

Beim weiteren Atmen entfaltet sich das Kreuz nun zusätzlich nach links und nach rechts und öffnet Sie in Ihren Möglichkeiten.
Spüren Sie, wie es Sie ausgleicht.

Nehmen Sie nun um sich herum einen Lichtkreis wahr, der sich außerhalb der Aura wie ein Schutzkreis um dieses Kreuz legt.
Spüren Sie, wie er Ihr liebevolles, offenes Herz beschützt.

Atmen Sie dreimal tief durch, und spüren Sie die Wärme in Ihrer Brust. Schenken Sie sich ein Lächeln, und sprechen Sie dreimal innerlich zu sich selbst: »Ich liebe mich.«
Kommen Sie langsam zu sich, und strecken Sie sich.

Wenn Sie diese Meditation regelmäßig üben, gewinnen Sie einen immer besseren Kontakt zu Ihrem Schutzengel und zu sich selbst. Gleichzeitig erlangen bzw. bestärken Sie positive Eigenschaften in sich. Sie bekommen eine dauerhaftere und beständigere göttliche Anbindung, vertiefen und stabilisieren Ihr Urvertrauen. Sie lernen, die Mitmenschen liebevoll loszulassen und an das Licht abzugeben, weil Sie deren ureigene Wesensart erkennen können, und Sie tragen sie nicht weiter auf Ihrem eigenen Rücken mit. Kurzum: Sie befinden sich in einer sanften, aber aktiven geistigen Entwicklung und entfalten Ihre Intuition; Sie erleben immer intensiver Gleichgewicht und Liebe in Ihnen selbst, um so im eigenen Wachstum voranzuschreiten und Ihre eigene Wahrheit zu leben.

Bedeutung der geistigen Anbindung. Für die Erfüllung des Lebenssinns ist die geistige Anbindung und die Verbindung zum Schutzengel unerlässlich. Denn sonst läuft man Gefahr, am Wesentlichen vorbeizuleben. Aber was versteht man überhaupt unter geistiger Anbindung? Es ist ein ganztägiger Bewusstseinszustand, der von den Höhen und Tiefen des Lebens unabhängig ist. Er ist immer da und jedem zugänglich. Wir leben alle unter demselben Himmel, somit ist die geistige Anbindung nicht nur für einige wenige reserviert, sondern für alle schon vorhanden. Die Frage ist also nicht, ob sie existiert, sondern vielmehr, wie wir sie nutzen können. Die geistige Anbindung ist die Gewissheit, mit den höheren Lichtsphären der göttlichen Allmacht verbunden zu sein. Sie ist ein Lichtfluss zwischen dem Menschen und den Himmelskräften. Er verstärkt sich, wenn wir in reiner Absicht, Freude und Urvertrauen im Herzen lächeln und die Bereitschaft spüren, uns in unserer Individualität der Intuition, der Herzenssprache und dem Leben zu öffnen. Dann schwingt unsere Liebes- und Herzensenergie mit den lichtvollen Kräften. Das Göttliche kann uns der Weisheit näher bringen und uns den Umgang mit dem Leben lehren. So können wir viel Licht durch unser persönliches Glück auf die Erde bringen.

Es ist also wichtig, die geistige Anbindung bewusst zu erkennen. Das gelingt mit der folgenden Übung mit dem Lichtkreuz:

Übung mit dem Lichtkreuz

Setzen Sie sich bequem hin. Entspannen Sie Ihren Körper. Atmen Sie mit einem inneren Lächeln dreimal tief in den Bauch ein und wieder aus.

Sprechen Sie gedanklich: »Ich verbinde mich mit der lichtvollen Welt.« Spüren Sie die Wärme in Ihrer Brust, und stellen Sie sich vor, wie ein Lichtstrahl aus Ihrem Herzchakra sanft durch Sie hindurchfließt und sich mit den Himmelshöhen verbindet.

Atmen Sie tief durch und sprechen Sie gedanklich: »Ich stehe in meinem Leben.« Spüren Sie, wie ein Lichtstrahl aus ihrem Herzchakra durch Ihren Körper tief hinunter in die Erde fließt und Sie erdet.

Atmen Sie tief durch und sprechen Sie gedanklich:
»Ich öffne mich für meine Möglichkeiten.« Spüren Sie, wie sich aus Ihrem Herzenslächeln Lichtstrahlen nach rechts und links am Horizont ausdehnen.

Spüren und sehen Sie, wie Sie im Lichtkreuz aufgerichtet und frei stehen. Atmen Sie tief durch und sprechen Sie gedanklich dreimal: »Ich bin.« Spüren Sie, wie um Sie herum ein Lichtkreis entsteht, der Sie einhüllt und behütet.

Kommen Sie mit einem Herzenslächeln zu sich.

Die Übung mit dem Lichtkreuz kann Ihnen helfen, inneres Gleichgewicht, lichtvolle Bereitschaft, Liebe zu sich und zu allem, Hingabe an das Leben, ein Bewusstsein für persönliche Bedürfnisse wie auch für den Himmel und die Erde, für das Wissen über das Höhere und für Hilfsbereitschaft zu entwickeln. So können Sie lernen, über sich hinauszuwachsen, Ihre männlichen und weiblichen Kräfte miteinander in Einklang zu bringen und die Verbundenheit mit allem Lichtvollen des Himmels und der Erde aufrechtzuerhalten.

Das Lichtkreuz als Weg zwischen Erde und Himmel, in der Alleinheit mit dem Göttlichen im Inneren und mit den Schutzengeln, verhilft immer wieder aufs Neue, den Lebenssinn zu erfüllen. Deshalb ist es sinnvoll, diese Verbindung mehrmals am Tag zu stärken, damit sich Urvertrauen entwickeln kann und die Sorgen nicht mehr überwiegen.

Diese Haltung schafft auch eine reine innere Bereitschaft, aus der heraus man die Menschen und den göttlichen Plan in ihrer Tiefe verstehen kann. Sie ermöglicht zudem Begegnungen mit den Engeln. Diese höchste Kraft, die durch den Menschen fließt, macht uns den tieferen Sinn unseres Daseins erst verständlich. Aus dieser inneren Haltung und Klarheit heraus erfüllt sich unser Lebenssinn im Hier und Jetzt – heute, nicht erst morgen oder in einem späteren Leben. Deshalb sollten wir nicht auf die Zukunft hoffen, sondern ganz und gar jetzt leben.

Wir können jeden Augenblick unseres Lebens aktiv mitgestalten, indem wir alles mit einer auf Liebe basierenden Grundhaltung tun. Im Alltag ist es oft nicht so wichtig, was man macht, sondern vielmehr, wie man es macht. In allem, was man tut, sollte ein tieferer Sinn liegen – nämlich Freude und Gegenwartspräsenz, die man als Kraft aus allem ziehen kann. Dabei ist es gleich, ob man ein Buch schreibt, unterrichtet, mit seinem Kind spielt oder kocht. Dankbarkeit für den Augenblick ist wahre Meisterschaft. Diese meditative Besinnung im Alltag ist natürlich auch durch andere Rituale, Gebete, Segnungen, Meditationen, Lachen, Natur, Familie und Sport machbar. Auf das bewusste Tun kommt es an.

Diese Besinnung im Alltag kann durch ungelöste Konflikte gestört werden. Deshalb ist es sehr wichtig, bestehende Konflikte zu bereinigen. Dazu verhilft folgende Übung.

Schutzengelübung für die Konfliktlösung

Setzen sie sich bequem hin, und bitten Sie Ihren Schutzengel um Mithilfe. Entspannen Sie Ihren Körper. Fangen Sie mit der Entspannung der Füße, der Beine, des Beckens, des Rückens, der Schultern, Ober- und Unterkiefermuskulatur an. So hat der Kopf die Möglichkeit, frei zu werden. Beobachten Sie den Atem. Dieser wird immer tiefer, langsamer, stabiler. Unterstützen Sie jeden Atemzug mit einem Herzenslächeln. So dass Sie Wärme und Liebe in der Brust spüren.

Atmen Sie ein und aus, und alles andere wird unwichtig. Spüren Sie den Satz in Ihrem Herzen: »Ich verbinde mich mit der lichtvollen geistigen Welt.« Werden Sie zu einer wunderbaren Lichtsäule. Spüren Sie Ihr Lächeln in Ihrer Brust, und fühlen Sie die Frage: »Welcher Konflikt beschäftigt mein Inneres?« Vielleicht kommt in Ihnen das Bild eines Menschen hoch, oder ein überraschendes Thema, etwas aus dem beruflichen Alltag oder eine Krankheit. Betrachten Sie es möglichst emotionslos und neutral. Seien Sie einfach nur Beobachter.

Atmen und lächeln Sie. Ihnen wird bewusst, welchen Konflikt das Bild, das Thema, dieser Mensch für Sie darstellt. Vielleicht das Thema Vergebung, das Thema Loslassen oder etwas anderes. Und stellen Sie zwischen diesem Menschen oder dem Thema ein Lichtkreuz. Es möge wie die Sonne heilsam auf Sie beide scheinen, eine lichtvolle Wand zwischen Ihnen entwickeln, so dass in Ihnen immer mehr Sicherheit geboren wird; das Gefühl: Es wird alles gut. Es wird geklärt und gelöst.
Spüren Sie immer mehr diese heilende Eigenschaft in sich, die den Konflikt löst. Das kann das Loslassen sein oder die Vergebung

oder etwas anderes. Spüren Sie diese Kraft in sich, und Sie wissen, Sie schaffen es. Dieses Lichtkreuz durchleuchtet, beleuchtet Ihr Thema, den Menschen oder die Krankheit.
In dieser Eigenschaft, die Ihrem Konflikt entspricht, z. B. des Vergebens oder Loslassens, versuchen Sie, so neutral zu sein, dass Sie dieses Thema umarmen können. Wenn sich etwas in Ihnen wehrt, bleiben Sie im Atem, wie ein Engel. Er kann alles. Versuchen Sie nun erneut, dieses Thema mit innerer Stärke zu umarmen. Ganz gleich, ob es Ihnen jetzt schon gelungen ist oder noch nicht, können Sie sich jetzt zurücknehmen. Es wird Ihnen einfach immer mehr bewusst, was es heißt, diese Kraft zu haben, und was dieses Thema für Sie symbolisiert. Es hat nur diesen lichtvollen Sinn, nicht mehr und nicht weniger.
Bewahren Sie sich Ihren Atem, Ihr Lächeln. Sie sind in Sicherheit. Atmen Sie ruhig ein und aus. Versuchen Sie, sich zu verbeugen in einer tiefen Demut, die befreit, die heil macht. Denn das ist die Umarmung Gottes.

Alles ist in Ordnung. Entwickeln Sie Demut, d. h. die Erkenntnis, dass alles machbar ist im Fluss mit dem höheren Sinn. Mit dieser Demut gewinnen Sie an Kraft, das Thema weiter anzugehen, aktiv zu lösen oder im Außen Hilfe zu finden. Das Thema selbst wird immer unwichtiger. Wichtig ist vielmehr, dass Sie vollkommen im Licht stehen. Ihr Lichtstrahl des Herzens fließt nach oben zum Himmel, fließt hinunter zur Erde, fließt nach links und nach rechts – Sie sind mit allem verbunden.

Spüren Sie Ihre Stärke und Liebe. Sie wachsen und wachsen in Ihrem Inneren! Fühlen Sie sich im Lichtkreis eingehüllt. Sie wissen, Sie können alles schaffen.
Besinnen Sie sich noch stärker auf sich. Erlauben Sie sich innerlich, »ich liebe mich« zu sagen und zu fühlen. Wenn Sie sich sicher sind und gestärkt fühlen, wissen Sie, wie Sie jetzt an diesem

Thema arbeiten können, jeden Tag oder auch mehrmals am Tag und immer dann, wenn Sie das Thema übermannt. In dieser Souveränität kommen Sie langsam zu sich und strecken sich.

Schutzengelgebet für die Konfliktlösung

»Lieber Schutzengel, ich weiß, das Problem, das ich lösen möchte, ist (...).
Ich weiß, ich werde es schaffen. Bitte hilf mir dabei, und erledige das, was du am besten tun kannst. Hilf mir, das zu erkennen, was mein Anteil an der Lösung ist.
Möge die Situation sich so ändern, wie es für alle Beteiligten richtig ist. Amen.«

Ein Gebet sollte dreimal am Tag gesprochen werden, vielleicht möchten Sie dabei eine Kerze anzünden, um die belastenden Themen mit tiefem Vertrauen den Engeln zu übergeben und so auf geistiger Ebene einer liebevollen Lösung zugeführt zu werden.

Auf diese Weise können Sie mit Hilfe Ihres Schutzengels unter Umständen zu Erkenntnissen gelangen, also etwa erkennen, dass Resonanz und Feindschaft niemals eine Lösung sind. Jeder sollte sich bei der Suche nach Problemlösungen auf seine Mitte, auf seine geistige Anbindung und auf sein liebevolles Herz besinnen. Aus dieser Neutralität heraus wird die Lösung erkennbar. Zugrunde liegende Ängste und gewohnte Verhaltens- und Denkmuster werden einem bewusst und können in

Weisheit aufgelöst werden. Muster lassen sich aufbrechen, wenn im Inneren kein Konflikt wütet, sondern Liebe und Demut vorhanden sind.

Um seine inneren Muster zu verwandeln, kann die oben beschriebene Konfliktlösungsübung hilfreich sein. Es ist wichtig, innere Konflikte zu heilen, Aggression und feindliches Verhalten loszulassen und somit auch die Angst vor seinen Mitmenschen abzubauen.

Schutzengel und Beruf

Erst wenn der tiefe Sinn der Spiritualität wirklich verstanden wird, ist sie anwendbar und in den Alltag integrierbar. Der Sinn ist das erfüllende Erleben im Alltag und nicht die Flucht vor dem Alltag. Zum Alltag gehört auch das Ausüben des Berufs.

Dabei sollten Sie zunächst nicht an Ihren Traumberuf denken, sondern sich fragen: Welche inneren Eigenschaften kann ich in meinem momentanen Berufsalltag entwickeln? Das ist der lichtvolle Sinn dahinter. Erst wenn Sie dies verinnerlicht haben, wissen Sie, was Sie wirklich wollen, und/oder die beruflichen Begebenheiten verändern sich so, wie es für Sie sinnvoll ist. Spiritualität bringt immer eine innere Erkenntnis ins Äußere.

Immer wenn auf dem Lebensweg etwas nicht funktioniert, ist es der Ruf der Seele zur Veränderung, zur Korrektur. Dann sollten Sie sich zurücknehmen, den Kopf frei von den bisherigen Gedanken machen und den Sinn hinter allem erkennen. So können Sie den eigenen Lebensweg, z. B. den beruflichen, finden und nach Ihren eigenen Fähigkeit hin korrigieren. Tiefer innerer Glaube und die geistige Welt helfen Ihnen dabei, wenn Sie es zulassen. Dann sind sogenannte Hindernisse oft nicht negativ, sondern Wegweisungen.

Die notwendige Aufmerksamkeit lässt sich entwickeln z. B. durch die Tagesrückschau, d. h. durch Selbstreflexion, Segnungen und Gebete bezogen auf die Arbeit. Durch Meditationen, die die Stille ermöglichen und die Sie befähigen, die geistige Führung und die Botschaften zu hören.

Durch diese Erlebnisse und Erkenntnisse wird eigenständiges, heilsames, spirituelles und erfolgreiches Handeln auch im Beruf möglich.

Ein Schutzengel darf Impulse für die richtige Richtung geben und Ihre Fähigkeiten zum heutigen Zeitpunkt aufzeigen. Wie lange jemand aber braucht, um ein Ziel zu erreichen und festzustellen, was das für ein Ziel ist, kann nur der Mensch selbst – bewusst oder unbewusst – entscheiden!
Wir sollten auch bedenken, dass jede Berufsausübung seinen Sinn erfüllt. Solange wir das Gefühl haben, dass wir dabei etwas lernen, solange ist dieser Beruf auch aus der geistigen Sicht stimmig. Wenn wir darüber hinausgewachsen und auch in unserer Persönlichkeit reif für eine neue Verantwortung sind, kann diese uns dann auch begegnen. Wenn wir es innerlich auch unterbewusst zulassen können.
Mit der folgenden Schutzengelübung können wir für unsere Gegenwart mehr Sicherheit und Verständnis entwickeln, wie auch damit geduldig und zielstrebig nach vorne schauen.

Schutzengelübung für die berufliche Orientierung

Setzen Sie sich bequem hin und schließen Sie Ihre Augen.
Entspannen Sie Ihren Körper.
Atmen Sie mit einem inneren Lächeln.

Sagen Sie innerlich: »Mein lieber Schutzengel, nimm mich an die Hand und zeige mir alles, was rein ist und mir guttut.«
Wenden Sie nach und nach Ihren Blick aus dem Inneren hinaus in alle Richtungen. Beobachten Sie, in welcher Farbe und mit welcher Gestik sich Ihr Schutzengel Ihnen zeigt.
Lassen Sie aus der Tiefe Ihres Herzens eine Frage zu Ihrem Beruf aufsteigen, die Sie Ihrem Schutzengel stellen möchten.

Atmen Sie ruhig ein und aus und beobachten Sie, welche Gestik er macht und welches Gefühl in Ihrer Brust entsteht.
Vielleicht streckt er sich noch mehr zum Licht und erhebt seine Arme?
Vielleicht haben Sie das Gefühl, durch Ihre Arbeit mit dem Höheren mehr verbunden sein zu können?
Lassen Sie sich Zeit und nehmen Sie die Antwort und den Sinn darin wahr.
Lassen Sie die Antwort wie ein sanftes Gefühl in sich aufsteigen und überprüfen Sie sie auf Vollständigkeit.

Sprechen Sie innerlich Ihre Antwort und beobachten Sie, ob Sie dabei tief und ungehindert atmen und liebevoll lächeln können.
Wenn es so ist, dann ist die Botschaft vollständig und kommt vom Schutzengel.
Wenn dies nicht der Fall ist, so lassen Sie sich noch etwas Zeit, und gehen Sie Ihrem ruhigen Atmen nach.

Wenn Sie so weit sind, bedanken Sie sich mit einem warmen Herzenslächeln, und kommen Sie in innerer Zuversicht wieder zu sich.

Um für unser Wachstum und unsere berufliche Orientierung aktiv etwas beitragen zu können, hilft dieses Gebet:

> *Schutzengelgebet für die berufliche Orientierung*
>
> »*Liebe lichtvolle geistige Welt, lieber Schutzengel.*
> *Bitte hilf mir, in meiner gegenwärtigen beruflichen Situation zu lernen und zu gedeihen.*
> *Ich weiß, in meiner Reife bin ich für Wachstum und Veränderungen bereit.*
> *Bitte hilf mir, dies zu erkennen und umzusetzen.*
> *Amen.*«

Schutzengel und Gesundheit

Es ist wichtig, die Kräfte des Körpers mit denen des Gefühls und der Gedanken zu verbinden.
Der materielle Körper ist zwar vergänglich, doch sollte er gesund sein. Die Gesunderhaltung des Körpers ist nur über die Durchlichtung der Zellen möglich, wenn die Seele und der Geist dies zulassen. Die Durchlichtung geschieht durch gute Gefühle, die die Kraft haben, den Körper zu heilen. Aus dem

Vertrauen in unsere Gefühle lernen wir, Stimmigkeit, Offenheit, Weisheit und Liebe zu empfinden.

Zugleich ist es wichtig, dass der Geist frei ist, d. h. uneingeschränktes Denken über den eigenen Horizont hinaus, denn aus dem inneren Wissen entstehen wahrer Glaube und lichtvolle Handlungen.

Die Dreifaltigkeit von körperlichem Atem, liebevollem Fühlen und klarem Denken ist die Grundvoraussetzung für innere Entwicklung und glückliches Handeln. Am Gesundheitszustand des Körpers können wir immer feststellen, ob wir in Liebe und Harmonie leben, oder ob unsere Seele leidet und wir geistig festgefahren sind. Wenn man eine gute Selbstwahrnehmung hat und seinem Lebenssinn folgt, sind der Körper, der Geist und die Seele im Gleichgewicht.

Übernehmen Sie Verantwortung. Wenn es Verantwortung und Entscheidungsfreiheit gibt, dann gibt es in gewisser Weise auch die Freiheit, Gesundheit oder Krankheit zu wählen. Ich will hier nicht die Behauptung aufstellen, dass es kein Schicksal gibt und dass jeder selbst für eine schwere Krankheit verantwortlich ist. Aber ich möchte auf die Selbstheilungskräfte aufmerksam machen, die in jedem Menschen existieren.

Nach all meinen persönlichen Erfahrungen, auch im Umgang mit meinen Klienten, bin ich davon überzeugt, dass der Heilungsprozess eines Menschen zu mehr als fünfzig Prozent von der Verantwortung des Betroffenen abhängt. Davon, wie er die Hilfe annehmen und wie er vertrauensvoll ja sagen kann. Bereits Jesus hat gesagt: »Dein Glaube hat dich geheilt.« Der Weg führt einen immer wieder zum Urvertrauen und zur Selbstliebe zurück. Und wenn der Therapeut oder Heiler mit dem Betroffenen arbeitet, so hängt der wirkliche Heilungsprozess auch vom tiefen inneren Willen zur Heilwerdung, der eigenen Überzeugung und vom göttlichen Urvertrauen des Erkrankten ab.

Es gibt viele Möglichkeiten, die selbstverantwortliche Entscheidungskraft zu stärken, sei es durch therapeutische oder heilerische Maßnahmen und/oder durch Engelbotschaften. Aber im Vordergrund steht immer der vertrauensvolle zwischenmenschliche Kontakt, das Gespräch, die Begegnung, denn sie führen zum Verständnis, indem innere Fragen geklärt werden, wie: Woran will ich glauben? Wie will ich mich sehen? Kann ich mich wirklich lieben? Was bewirkt mein Verhalten im Hinblick auf meine Krankheit? Der Weg in die Zukunft soll aus der gegenwärtigen Situation herausführen. Bei jeder Krankheit geht es darum, auch mit dem Erkennen der Ursache in der Vergangenheit, die eigenen Muster zu begreifen. Die Gesundheit liegt in unserer Hand, im Verstehen, in der Erkenntnis, in unserem Fühlen, Erleben, im Zulassen von Vertrauen und in der Umsetzung des Erkannten, im Tun.

Auch über die Gesundheit entwickelt sich der Mensch zu seinem Lebenssinn, der Liebe hin. So kann einen die Gesundheit dazu auffordern, sich im Leben an einer Weggabelung zu entscheiden, vorherrschende, krankmachende Gedanken zu verändern.
Der Mensch muss lernen, mit seiner Verantwortung und Freiheit umzugehen. Wenn man sich nicht für seine Gesundheit entscheidet, ist das auch eine Entscheidung. Dann bestimmen jedoch das Schicksal, der Lauf der Dinge und das Umfeld. Sich zu entscheiden, bedeutet aber immer, aus den eigenen Ängsten und Blockaden herauszuwachsen und sich auf den Weg zur Liebe hin zu begeben.

Mit welcher Krankheit man sich auch konfrontiert sieht, wichtig ist, sich für die lichtvolle geistige Welt zu öffnen, so dass das Licht alle Zellen durchflutet und frei fließen kann. Sie lernen in dieser Energie zu begreifen, wo Sie stehen, was Sie blockiert und wohin Sie wirklich wollen.

Übernehmen Sie Verantwortung für Ihre Gesundheit und werden Sie – begleitend zu anderen Therapien – selbst Ihr wahrer Heiler; so können Sie innerlich im Lichtbewusstsein wachsen.

Um akute wie auch chronische Krankheiten aktiv und eigenständig anzugehen, empfehle ich die nachfolgende Übung.

Schutzengelübung für die Gesundheit

Setzen Sie sich bequem hin und schließen Sie Ihre Augen.
Entspannen Sie Ihren Körper.
Atmen Sie mit einem inneren Lächeln.

Sagen Sie innerlich: »Mein lieber Schutzengel, sei bei mir und zeige mir alles, was rein ist und mir guttut.«

Wenden Sie innerlich Ihren Blick nach und nach in alle Richtungen.

Beobachten Sie, in welcher Farbe und mit welcher Gestik Ihr Schutzengel bei Ihnen ist.

Lassen Sie die Frage aus dem Herzen aufsteigen, die Sie dem Engel zu Ihrer Gesundheit stellen wollen.

Atmen Sie ruhig ein und aus und beobachten Sie, welche Gestik Ihr Schutzengel macht, wie seine Farbe sich verändert und welches Gefühl in Ihrer Brust entsteht.
Erstrahlt der Engel in einem starken Licht?
Was macht er mit seinen Armen oder Flügeln?
Was teilt er Ihnen mit?

Identifizieren Sie sich mit der Kraft der Ruhe und lassen Sie alles Schwere los.
Seien Sie offen für das, was auf Sie zukommt.

Überprüfen Sie diese Botschaft auf Stimmigkeit und Vollständigkeit durch Ihr tiefes Atmen und herzliches Lächeln. Dabei wird die Botschaft noch klarer. Lassen Sie sich dabei ruhig etwas Zeit.

Sprechen Sie nun bitte innerlich dreimal folgenden Satz:
»Gottes Liebe erfüllt meine Seele, ich spüre Dankbarkeit und Vertrauen.«

Wenn Sie genug Kraft empfangen haben, dann bedanken Sie sich mit einem warmen Herzenslächeln und kommen Sie langsam zu sich.

Schutzengelgebet für die Gesundheit

»*Liebe lichtvolle geistige Welt, lieber Schutzengel.*
Bitte steh mir bei, innere Kraft und Heilung zu entwickeln.
Ich weiß, dass ich der Aufgabe gewachsen bin und die Lösung finden werde.
Bitte hilf mir, in meiner Selbstliebe und Selbstannahme anzukommen.
Ich entfalte meine Kraft. Amen.«

Hinweis für als geistige Heiler tätige Menschen: Ein Heiler darf keine medizinischen Aussagen machen, weder im Hinblick auf eine Diagnose noch über Therapieverfahren (etwa betreffs einer Operation oder Medikation). Dies wäre unseriös. Was er machen kann ist, dass er seine Einschätzungen dem behandelnden Heilpraktiker, Arzt oder Psychotherapeuten mitteilt, der dann die Einschätzungen dem Klienten bzw. Patienten sagt und auch verantwortet! Bei allen gesundheitlichen Belangen hat der Heiler die Möglichkeit, durch die lichtvolle geistige Welt aus der geistigen und seelischen Sicht (Selbst-)

Heilkräfte zu aktivieren und auf eine ganzheitliche sowie feinstoffliche Weise die (Selbst-)Heilung zu unterstützen.

Hilfreiche Fragen dazu sind z. B.:
* Geistiger Hintergrund: »Was denkt der Mensch falsch?« Beispiele: »Ich bin nichts wert«; »Mir stößt immer etwas zu.«
* Seelischer Hintergrund: »Was hält den Menschen unbewusst in Angst?« oder »Welche Blockaden belasten den Menschen unbewusst?« (alte Schockprägungen)

Hilfreiche Unterstützungsmaßnahmen sind
* Engelbotschaften
* energetische Übungen
* Meditationsübungen
* Gebete und Segnungen
* Handauflegen

- Das Wissen allein reicht nicht, denn dieses muss auch in Weisheit umgesetzt werden.
- Bewusstseinserweiterung ist die Freiheit der gegenwärtigen Zeit.
- Wahre Spiritualität ist nachvollziehbar und natürlich.
- Nur gelebte Spiritualität ist echte Spiritualität.
- Individualität bedeutet Verantwortungsbewusstsein und Freiheit.
- Gelebte Liebe im Inneren ist das Tor zur All-Liebe.
- Das Wesen der Ganzheit verbindet und erweitert.

6. Schutzengelbotschaften, Schutzengelsymbole und Bildersprache

»Achtsamkeit erschafft geistige Klarheit.«

Die Schutzengel geben uns in ihren Botschaften die Kraft für unsere Gegenwart und einen Zukunftsimpuls mit. Die Botschaften sind kurze, präzise Hinweise, die alles Wesentliche beinhalten, was der Mensch für seine Entwicklung benötigt und verarbeiten kann. Bei Engelbotschaften muss beachtet werden, dass über diese nicht zu viel diskutiert wird, bis sie letztendlich einer Wunschvorstellung entsprechen. Denn dies kann die Entwicklung von lichtvollen Eigenschaften im Menschen verhindern. Die Engelbotschaften können eher mit dem Herzen begriffen werden und auf die Gefühle positiv wirken. Sollten die Botschaften sich dauernd wiederholen, so ist das ein Zeichen dafür, dass dieselbe innere Aufgabe immer noch ansteht.

Deshalb teile ich die persönlichen Engelbotschaften lieber in einer Gruppemeditation mit, in der über die Probleme nicht diskutiert, sondern dem Herzen gelauscht wird. Hier erfährt der Mensch seine individuelle Engelbotschaft, nimmt sie in ihrer Ganzheit unverfälscht auf und kann sie dann in seinen Alltag integrieren.

Jeder Mensch kann, wenn er die Bereitschaft dafür hat, selbst Botschaften des Schutzengels erhalten.

Wir können diese Mitteilungen aus einer göttlichen Ebene

von Lichtwesen nur über die Emotion, über innere Bilder empfangen und verstehen. Wenn diese Empfindungen wahrhaftig frei von eigenen Vorstellungen und Prägungen sind, wenn das geistige Bild mit dem Gefühl übereinstimmt, dann stellen sich sozusagen von selbst Worte ein, die diese reine Botschaft auszudrücken vermögen.

Woran können Sie beim Empfang der Botschaft erkennen, dass Sie aich die Botschaft nicht phantasiert oder ausgedacht haben oder dass Sie in keinen weniger lichtvollen Kanal gelangt sind? Daran, dass Sie tief und ruhig atmen, im Herzen liebevoll lächeln und gleichzeitig die Botschaft in klaren, sicheren Sätzen ausdrücken können. Bei allem jedoch, was sich eher kalt und nüchtern anfühlt, sollten Sie Vorsicht walten lassen und das eher nicht als echte Schutzengelbotschaft annehmen. Die Engel teilen sich uns immer auf eine unaufdringliche, sanfte, emotionale Art außerhalb der Logik mit.

Ich möchte zunächst die bildhafte Sprache der Schutzengel aufführen, um danach mehr in schulende Übungen der Herzensregeln und Intuition überzugehen.
Bei der Vielfalt der Farben, Symbolik und Aufenthaltsorte der Engel beachten Sie bitte, dass die hier aufgeführten Erläuterungen nur als Orientierungshilfe dienen können. Deshalb empfehle ich Ihnen, bei jeder von Ihnen empfangenen Farbe und Symbolik Ihren Engel um eine entsprechende individuelle Deutung zu ersuchen.

Wenn Sie sich noch gar nicht zutrauen, Ihren Schutzengel und seine Hilfe geistig wahrzunehmen, so können Sie es auch auf praktischem Weg versuchen. Schauen Sie sich z. B. Ihre alten Fotos an und stellen Sie fest, wann Sie sich am glücklichsten gefühlt haben. Warum haben Sie sich damals glücklicher gefühlt, und was haben Sie damals anders gemacht? Es wird Ihnen bewusst werden, was Sie heute verändern sollten und können.

Gehen Sie achtsamer durchs Leben. Achten Sie auf Kleinigkeiten im Alltag, z. B. auf Ihren Atem, auf Ihr Lächeln, auf die Naturveränderungen.

Weiterhin können Sie sich Ihr Zimmer genau anschauen und feststellen, was die Farben und der Stil der Einrichtung über Sie aussagen können.

Diese Kleinigkeiten werden Ihre Aufmerksamkeit, Sinne und innere Ruhe stärken, sodass Sie sich im Laufe des Übens weitere Wahrnehmungen zutrauen werden.

Achtsamkeit bei Empfang und Übermittlung von Schutzengelbotschaften

Eine Engelbotschaft ist die Quintessenz der Summe Ihrer Wahrnehmungen. Versuchen Sie, die Botschaft immer in positiver Form zu übernehmen. Verwenden Sie möglichst keine schweren oder negativen Wörter, sondern spüren Sie lieber etwas länger in Ihre eigene Wahrnehmung hinein, um den Worten dann Leichtigkeit und Freude zu geben. Sie werden feststellen, dass die Kernaussage dabei keineswegs verlorengeht.

Wenn in der Botschaft das Wort »Aufgabe« auftaucht, so können Sie Ihren Schutzengel innerlich fragen, ob damit private oder berufliche Aufgaben gemeint sind. Manchmal gibt es deutliche Aussagen.

Wenn ein schweres oder dunkles Symbol auftaucht, dann geben Sie diesem eine lichtvolle Erklärung und einen lichtvollen Sinn, statt es – wie wir es gewohnt sind – negativ zu bewerten. Denn Schutzengelbotschaften sind niemals Angst einflößend. Es sind menschliche Blockaden, die ängstigen können.

Wenn Sie das Gefühl haben, dass noch eine Frage offen ist, dann warten Sie ab, ob sich die Engelbotschaft noch ergänzen oder vervollständigen lässt.
Fragen Sie dabei: »Lieber Schutzengel, hast du mir noch etwas mitzuteilen?« Wenn Sie die Botschaft für eine andere Person empfangen: »Hast du diesem Menschen noch etwas mitzuteilen?«
Wenn nötig, fragen Sie noch einmal nach. Bleiben Sie weiterhin in liebevoller, entspannter Konzentration, und hören Sie genau hin, ob sich noch eine zweite Botschaft anschließt.

Wenn in der Engelbotschaft das Wort »Liebe« vorkommt, versuchen Sie, dieses Wort mit praktischem Inhalt zu konkretisieren, z. B. »liebevolle Taten im Alltag«.

Es hat wenig Sinn, Zeitangaben zu erfragen oder »Wahrsagefragen« an die lichtvolle geistige Welt zu stellen. Bei Zukunftsfragen sollten Sie auf die Entwicklung von Vertrauen und den Abbau von vorhandenen Besorgnissen und Druck achten.

Wenn Sie als Therapeut oder Berater tätig sind und das Wirken der Engel in Ihre Tätigkeit mit einfließen lassen möchten, so empfehle ich Ihnen Folgendes:
Teilen Sie eine Engelbotschaft, die Sie einem anderen Menschen übermitteln, in voller Sicherheit und Vertrauen mit. Verwenden Sie keine unklaren oder unsicheren Wörter wie »vielleicht«, »ich meine«.

Verheimlichen Sie keine Botschaften, sondern klären Sie auf. Ein Beispiel: Sie sehen in Ihrem inneren Bild ein schwarzes Kleid. Erschrecken Sie nicht, sondern bleiben Sie neutral. Dann erfahren Sie vielleicht die Engelbotschaft, die für den Empfänger sehr wichtig ist: »Lasse deine Trauer los.«

Seriöse Heiler und Berater geben keinerlei Empfehlung im Hinblick auf Trennung, Versöhnung oder neue Begegnung in einer Partnerschaft. Denn das tun die Engel, die unseren freien Willen achten, auch nicht. Lassen Sie jeden Menschen vollständig in seiner eigenen Willens-, Erkenntnis- und Entscheidungsfreiheit.

Verwenden Sie keine Krankheitsbegriffe oder medizinischen Fachbegriffe, wenn Sie keine medizinische Ausbildung haben.

Achten Sie darauf, den Botschaften einen praktischen Ansatz zu geben bzw. schauen Sie darauf, ob der Klient selbst etwas tun soll oder kann.

Achten Sie bei Gebeten immer auf die Ich-Form, damit Ihr Klient immer mit in die Verantwortung mit einbezogen wird. Das gilt auch für Sie, wenn Sie das Gebet für sich sprechen.

Hier ein Beispiel:
»Ich akzeptiere, dass die Situation heute so ist. Jedoch weiß ich, dass der Lebensfluss weitergeht.
Ich bitte die Engel, mir zu helfen, mit offenen Augen und offenem Herzen die Lösung zu sehen und alles ins Lichtvolle zu wandeln.«

Nicht die Länge eines Gebetes oder einer Botschaft ist für deren Stimmigkeit ausschlaggebend, sondern ihre Klarheit.

Eine Engelbotschaft ist immer personenbezogen. Wenn Sie eine echte Engelbotschaft mündlich oder schriftlich weitergeben, wird sie immer in der Du-Form erfolgen, weil die Sie-Form nicht der Engelsprache entspricht.

Lassen Sie sich immer genügend Zeit und haben Sie Mut, Ihre geistigen Wahrnehmungen in Worte für eine Botschaft zu fassen.

Wenn Sie am Anfang als Botschaft nur ein Gefühl empfinden, statt eine Form oder Farbe wahrnehmen, so trauen Sie sich zu, trotzdem damit zu arbeiten. Wenn Sie z. B. »Freude« spüren, so bilden Sie einen für Sie stimmigen Satz: »Gehe in Freude deinen Weg.«

Wenn Sie im geistigen Schauen geübt sind und plötzlich doch keine Wahrnehmungen und Empfindungen haben, so kann es daran liegen, dass Sie ein Problem beschäftigt, das Ihnen Ihre ganze Aufmerksamkeit raubt. Weiterhin kann es daran liegen, dass Sie sich zu sehr unter Druck setzen oder dass Sie müde sind.

Sollten Sie während einer geistigen Übung Müdigkeit verspüren, dann sollten Sie darauf achten, in entspanntem Atem zu bleiben und sich nicht allzu stark zu konzentrieren. Dann bewahren Sie Erdung, Klarheit und Gelassenheit.

Wie Sie mit einer für Sie unverständlichen Botschaft umgehen können, zeigt folgendes Beispiel. Ihr Schutzengel teilt Ihnen mit: »Ich schicke dir grenzenloses Glück«, doch Sie fühlen sich dabei gar nicht glücklich. In diesem Fall kann es sein, dass Sie genau die innere Bereitschaft zu diesem Glück brauchen und Glücksgefühle für Sie noch fremd sind. Sie können dies ändern, indem Sie sich täglich etwas mehr in die Vorstellung eines Glücksgefühls fallen lassen, um sich dafür zu öffnen, und dieses Gefühl ganz selbstverständlich spüren können.

Wenn Sie während des Meditierens die Bewertungen für die von Ihnen empfangenen Farben und Bilder nicht loslassen können, so kann dies innere Unruhe und wenig Vertrauen in Ihnen widerspiegeln. So machen Sie sich nichts draus, denn Übung macht den Meister. Probieren Sie es immer wieder in kleinen Schritten.

Wenn Sie anstatt Engel ausschließlich Farben und Symbole wahrnehmen, setzen Sie sich nicht unter Druck. Versetzen Sie sich noch einmal stärker in eine innere Ruhe; mit der Zeit werden Sie auch Ihren Schutzengel sehen.

Achten Sie bei der Qualität von Schutzengelbotschaften auf deren klare Bedeutung, Vollständigkeit, eventuelle zusätzliche Hilfen durch Gebete und dass sich keine eigenen Vorstellungen in die Engelbotschaft einschleichen und sie verfälschen.

Prüfen der Richtigkeit von Schutzengelbotschaften – die Selbstüberprüfung

Wie können Sie sicher sein, dass Antworten, die Sie spüren, empfangen, hören oder anders wahrnehmen, echt sind oder nicht? Um dies festzustellen, hilft die Übung zur Selbstüberprüfung. Diese Übung ist nach meiner Erfahrung eine wesentliche Grundlage für alle anderen Bewusstseinsübungen.

Vielleicht stammen ja die Antworten auf Ihre Fragen von einem Egoaspekt, vom eigenen Denkmuster, einem eigenen Doppelgänger oder vielleicht auch durch manipulierende Gedankenmuster eines anderen Menschen: eines Gurus, eines Therapeuten oder einer anderen Person, von der Sie abhängig sein könnten.

Oder Sie erhalten die empfangene Botschaft von lichten Helfern, aus wirklich höheren Geistebenen, vom Schutzengel oder von Erzengeln, vielleicht aber auch von Ihrem höheren Selbst, Ihrem wahren Geist oder aufgrund einer reinen und echten Intuition.

Der Sinn der folgenden Übung ist also, dass Sie sich vergewissern können, ob Ihre Eingebungen, Impulse, Antworten usw., die Sie aus der lichtvollen geistigen Welt empfangen möchten, wirklich von dorther stammen. Sind sie aus einer klaren, reinen Quelle, oder sind Sie dabei, in eine Sackgasse oder auf einen falschen Weg zu geraten? Mit dieser Übung können Sie nicht nur dieses überprüfen, sondern auch, ob Ihre Lehre, der Sie sich derzeit widmen, und Ihr Lehrer für Ihre weitere Entwicklung stimmig sind.

Grundsätzlich gibt es eine sehr einfache und dabei sehr zuverlässige »Methode«, wie Sie überprüfen können, ob das, was Sie als Hinweise zur geistigen Führung erhalten, aber auch das, was Sie vielleicht als Ziel anstreben oder gerade vorhaben, für

Sie und Ihren Entwicklungsweg und Ihre Individualität jetzt stimmig ist oder nicht.

Ich möchte an dieser Stelle darauf hinweisen, dass Spiritualität generell nicht gelernt oder gelehrt, sondern nur gelebt werden kann. Lehren und Lehrer können immer nur eine Unterstützung auf dem anfänglichen Weg dorthin darstellen.

Wie sollten Sie sich auf die Übung vorbereiten? Wenn Ihr Atem leicht und sanft fließt, wenn Ihr Herz ruhig schlägt und sich wohlig anfühlt, wenn Ihre Gedanken und Gefühle harmonisch sind, voller Zuversicht, Klarheit und Vertrauen, dann geben Körper, Seele und Geist Ihnen damit ein übereinstimmendes untrügliches Zeichen, dass Ihr Weg richtig ist. Es kommt nicht darauf an, ob Sie bei der folgenden Übung abschweifen, sondern ob Sie sich von innerer Freude und heiterer Gelassenheit begleitet fühlen. Auch ein solches Gefühl der klaren Freude ist ein Signal, dass Sie auf dem für Sie persönlich richtigen Weg sind.

Falls Ihr Atem allerdings unregelmäßig oder unnatürlich wird, wenn Sie an die Botschaft oder das Vorhaben denken, falls Ihr Herzschlag nicht mehr harmonisch und gleichmäßig ist, falls Sie bleich oder rot, unruhig und angespannt werden, dann sind das markante Signale dafür, dass etwas für Sie, Ihre Individualität und Wahrheit nicht stimmt. Auch wenn Sie statt Freude depressive Stagnation in sich spüren oder spüren, dass Ihre Energien nicht frei fließen, zeigt Ihnen das an, dass Sie nach einem anderen Weg und einer anderen inneren Haltung und Führung suchen sollten.

Übung zur Selbstüberprüfung

Setzen Sie sich entspannt und bequem hin. Schließen Sie die Augen.

Atmen Sie tief und sanft in den Unterbauch hinein. Lassen Sie sich damit Zeit, bis Sie spüren, wie sich in Ihnen ein Gefühl von Ruhe, Gelassenheit und Freude ausbreitet.

Legen Sie Ihre Hände auf den Bauch, damit Sie immer Ihren sanften und tiefen Atem weiter wahrnehmen.

In dieser entspannten Haltung sind Sie nun genügend neutral und unvoreingenommen, dass Sie an die Frage oder die Entscheidung denken können, die Sie überprüfen möchten.

Beobachten Sie, wie sich Ihr Atem anfühlt und welche Empfindungen Sie haben, wenn Sie ja zur Frage oder Entscheidung sagen. (Vier Beispiele: »Ist dieser Traum ein Hinweis, dass ich mehr auf meine Gesundheit achten soll?«; »Kommt diese Engelbotschaft aus einer reinen Quelle?«; »Hilft sie mir in meiner Entwicklung weiter?«; »Ist die Entscheidung, umzuziehen, für mich und uns jetzt richtig?«)

Beobachten Sie dann, wie sich Atem und Empfindungen entwickeln, wenn Sie nein dazu sagen.

Vergleichen Sie bewusst, ob Sie beim Ja oder beim Nein Freude, Gelassenheit, Harmonie usw. gespürt haben. Wenn Sie meinen, dass es keinen Unterschied gibt, dann stellen Sie eine leichtere Frage, z. B. »Ist es gut für mich, fünf Kilo Kartoffeln auf einmal zu essen?« Dabei werden Sie mit Sicherheit einen eindeutigen Unterschied in der Reaktion Ihres Körper-Seele-Geist-Systems auf ja und nein feststellen. Einen derartigen Unterschied, wenn er auch vielleicht viel schwächer ausfällt, werden Sie dann auch bei der Wiederholung Ihrer Ausgangsfrage bemerken können.

Beenden Sie diese Übung, indem Sie nun nicht mehr an diese

Frage denken, mehrmals erneut bewusst sanft und tief atmen, sich selbst zulächeln und sich für die Selbstliebe öffnen.

Engelbotschaften und Wortwahl

Achten Sie beim Empfang und bei der Übermittlung von Botschaften darauf, dass Sie keine Worte wählen, die negative Gefühle wie Schuld, Angst oder Sünde aufkommen lassen.

Im Folgenden liste ich Beispiele auf für eine eher negative Wortwahl (links) und einen Vorschlag, wie man es positiver sagen könnte (rechts):

Moral = Verurteile dich nicht selbst.
Du hast keine Schuld. = Du hast alles richtig gemacht.
Sünden sind vergeben. = Vergebung und Loslassen
Du warst eine Hexe. = Du trägst viel magisches, kosmisches Wissen in dir.
Achte auf Gefahren. = Achte auf die Folgen.
Pflicht = dienen
Müssen = möchte, sollte
Lügen = Achte auf Ehrlichkeit.

Die Wahl von positiven Worten hat nichts mit Schönfärberei zu tun. Es soll nichts Negatives positiv umgedeutet werden. Denn in der göttlichen Welt gibt es nichts Positives und Negatives, es gibt keine Bewertungen. Doch können wir uns keine neutralen Aussagen vorstellen, weil dies für unsere Art zu denken fremd ist. Die Positivformulierungen dienen dazu, dass wir die Botschaften nicht missverstehen als Unheilankündigungen.

Im Anhang finden Sie eine Liste der Symbole für Träume, Engelbotschaften und Visionen sowie Beschreibungen der Engelflügel. Diese sollen Ihnen als Deutungshinweise dienen, um sich an die Sprache der Schutzengel zu gewöhnen. Denken Sie bitte auch stets daran, die von Ihnen erhaltenen Engelbotschaften immer individuell zu prüfen, was dies genau für Sie im entsprechenden Augenblick bedeutet. An vier Beispielen möchte ich Ihnen dies aufzeigen.

Schwarzes Kleid. Stellen Sie sich vor, Sie träumen von einem schwarzen Kleid oder sehen dieses Symbol in einer Meditation. Der Verstand würde mit einem schwarzen Kleid vielleicht einen Verlust oder ein Todesereignis interpretieren. Die Engel teilen sich jedoch nur über Emotionen mit, weil Sie unserer liebevollen Seelenschwingung entsprechen. Also lassen Sie aus einer neutralen Haltung heraus das in Ihrem Herzen bestehende Gefühl entstehen. Es wird sich vielleicht befreiend und tröstend anfühlen, und es entsteht in Ihnen die Botschaft: »Lasse deine Trauer los.« Fühlen Sie auch immer hinein, ob sich daraus noch mehr entwickeln möchte.

Goldene Sonne. Wenn Sie eine goldene Sonne hinter sich sehen, so spüren Sie aus Ihrer neutralen Haltung heraus, wie sich dieses Bild anfühlt und welche Botschaft dann in Ihnen hochkommt. Vielleicht spüren Sie Wärme und innere Stärke im Rücken, und die Botschaft entsteht, da die Sonne hinten war und dies oft mit der Vergangenheit zu tun hat: »Aus jeder Erfahrung, die du erlebt hast, bist du gestärkt herausgekommen.«
Die Sonne als Symbol für Vorwärtsstreben kann zusätzlich folgende Botschaft enthalten:
»Deine inneren Stärken werden dich immer weitertragen.«
Die goldene Farbe als göttliche Farbe kann sich wie folgt

anfühlen: »Die göttliche Kraft steht dir immer zur Verfügung.«

Schutzengel links. Sie sehen an Ihrer linken Seite Ihren Schutzengel. Er steht aufgerichtet da, hat eine lichtvolle gelbe Ausstrahlung und schaut konzentriert nach vorne.
Ein Bild auf der linken Seite hat oft mit der emotionalen, intuitiven Seite des Menschen zu tun. Also kann sich die Botschaft wie folgt anfühlen:
»Traue deiner Intuition.«
Gelbe Farbe hat viel mit Neuem und Lehrreichem zu tun. Daraus kann folgende Botschaft entstehen:
»Lerne neue Aspekte des Lebens.«
Ihr Engel schaut konzentriert nach vorne. Vorne liegt die Zukunft. Daraus ergibt sich Folgendes:
»Sei aufmerksam und konzentriere dich auf deine Ziele und deine Zukunft.«
So werden Sie Ihren Schutzengel immer besser fühlen und seine Botschaften verstehen können.

Ein Traum. Ein Seminarteilnehmer ging im Traum in einen trüben lehmigen See. Dann tauchte er unter, um den Boden zu finden und herausgehen zu können. Er fand jedoch nichts und tauchte wieder auf. Es erfüllte ihn starke Panik, denn er wusste nicht weiter.
Der Teilnehmer sah sich zugleich am Ufer stehend und die ganze Szene beobachten. Dieses Ich am Ufer half ihm dann, indem er ihn aus dem lehmigen See herauszog.
Was bedeuten diese inneren Bilder für ihn? Hier meine Erklärung und Deutung:
Träume sind verarbeitende Bilder des Unterbewussten, in denen der Impuls des Überbewussten enthalten ist. Es gilt, dieses Innenleben mit dem Bewusstsein zu begreifen. Träume dienen

der Verarbeitung von Emotionen. Bilder sind die geistige Sprache der Seele.

See oder Wasser sind Symbole der Heilkraft. Da es ein trüber, lehmiger See ist, in den der Teilnehmer hineingeht, bedeutet das, dass er sich auf seinem aktiven Entwicklungsweg zu seiner Heilung befindet.

Er ist untergetaucht, um nach dem Ausweg zu suchen. Das bedeutet, dass er Auswege und Hilfen noch im Außen sucht.

Daraufhin bekam er Panik, was bedeutet, dass er sich selbst noch nicht genügend vertraut.

Danach sah er sich selbst am Ufer stehen. Das heißt, er fängt an, sich auf sich zu verlassen.

Er zog sich selbst heraus; das bedeutet, dass er seine Erkenntnis erlangt und sein Vertrauen in sich angenommen hat.

Das Hauptsymbol und somit die Hauptaussage des Überbewusstseins und des Schutzengels ist der lehmige See. Das bedeutet, er sollte seinen Weg zur Heilung und zum Vertrauen selbstbewusster gehen! Diese Erkenntnis und die immerwährende Erinnerung an das Gefühl, sich selbst herausziehen zu können, hilft ihm dabei.

Deutung der Schutzengelwahrnehmung

Schutzengelgestalt

Sie werden im Verlauf Ihrer Praxis vielfältige Aspekte kennen lernen. Hier einige wenige Beispiele, wie Schutzengel sich zeigen und wie Sie diese deuten können. Mehr zu diesem Thema finden Sie im Anhang.

Normalerweise zeigt sich der Schutzengel in ähnlich großer Gestalt wie ein Mensch. Zeigt sich ein Schutzengel in einer auffallend kleinen Gestalt, so bedeutet das: »Lieber Mensch, du hältst dich aber für sehr klein, richte dich auf und wachse in dir.« Zeigt sich ein Schutzengel in einer auffallend großen Gestalt, bedeutet das: »Du hast viel Kraft.«

Hat der Schutzengel auffallend starke Lichtflügel, wird vermittelt: »Du hast viel Antriebskraft.«
Sollten zusätzliche Engel erscheinen, so bekommt der Mensch himmlische Unterstützung bei einer speziellen Aufgabe.

Es gibt Schutzengel in weiblicher Gestalt. Sie bedeuten, dass der Mensch als Lebensaufgabe weibliche Herzenseigenschaften entwickeln soll. Schwerpunkte liegen z. B. in Herzöffnung, Hingabe und Vertrauen.

Es gibt Schutzengel in männlicher Gestalt. In diesem Fall soll der Mensch männliche Herzenseigenschaften entwickeln, z. B. Aufbau, Entwicklung, Durchsetzungsvermögen.

Die Grundform des Schutzengels bleibt ein ganzes Leben hindurch dieselbe. Die Qualitäten, die die Schutzengel entwickeln helfen, dienen immer der Stärkung und Vervollständigung der menschlichen Persönlichkeit. Ob ein Mensch Mann oder Frau ist, hat keinen Einfluss darauf, ob sein Schutzengel eine männliche oder eine weibliche Lichtform annimmt.

Es gibt auch Schutzengel in einer neutralen Gestalt. Das kommt dann vor, wenn sich der Schutzengel, der sonst entweder eher weibliche oder eher männliche Züge zu tragen scheint (die Engel passen sich unseren Vorstellungen und unserem Verständnisvermögen an!), vorübergehend eine neutrale Form annimmt. Das tut der Engel dann, wenn die Botschaft, die er uns gibt, oder der Anstoß, den er uns vermittelt, nichts mit unserer übergeordneten Lebensaufgabe zu tun hat, sondern sich auf tagesaktuelle Dinge bezieht.

Wenn sich zwei Schutzengel in männlicher Gestalt zeigen, so braucht dieser Mensch für die Erfüllung seines Lebenssinns oder seiner Lebensaufgabe zwei Schutzengel in männlicher Gestalt. Zum Beispiel einen Schutzengel, der ihm bei der Umsetzung seines Wissens hilft, und den zweiten, der ihn dabei unterstützt, seine Kräfte richtig einzusetzen.

Wenn sich zwei Schutzengel in weiblicher Gestalt zeigen, kann das bedeuten, dass der eine dem Menschen hilft, seine Herzensöffnung weiterzuentwickeln, und der andere, seine geistigen Fähigkeiten vom Himmel aufzunehmen.

Wenn zwei Schutzengel auftreten, von denen einer eine männliche Gestalt, der andere eine weibliche Gestalt aufweist, dann soll und kann der Menschen diese beiden Kräfte in sich entwickeln.

Ein Schutzengel, der sich abwechselnd männlich und weiblich zeigt, bedeutet, dass der Mensch in diesem Leben weibliche und männliche Eigenschaften in seiner Persönlichkeit verbinden soll, um beide ausleben zu können.

Manchmal geschieht es, dass ein weiterer Schutzengel hinzukommt. Es handelt sich dann um einen erlöst verstorbenen nahestehenden Menschen. Dieser erlöste Mensch ist zu einem Engel geworden und wird einem Menschen deshalb zugeordnet, weil dieser bei seiner Trauerbewältigung doppelte Unterstützung für die Entwicklung des Urvertrauens braucht.

Wenn ein Schutzengel in Kindergestalt auftaucht, ist das mit einer aktuellen Botschaft verbunden, die sich wieder ändert, nachdem die Botschaft verstanden worden ist. Es bedeutet: »Du sollst wachsen.«

Platz des Schutzengels

Der Platz, an dem sich der Schutzengel im Verhältnis zu seinem Schützling aufhält, kann sich so deuten lassen:

Schutzengel steht vorne
* ... mit dem Rücken zum Schützling = Die Botschaft ist zukunftsorientiert.
* ... mit dem Gesicht zum Schützling = Richte dich auf.

Schutzengel steht hinten
* ... mit dem Gesicht zum Schützling = Ich schütze und stütze dich.
* ... mit dem Rücken zum Schützling = Räume in vergangenen oder karmischen Angelegenheiten auf.

Schutzengel steht (vom Schützling aus gesehen)
* ... rechts = Komme in die Tat.
* ... links = Gehe ins Vertrauen, lass dich da hineinfallen.
* ... innen, im Körper = Große Intuitionskraft.
* ... über einem = Achte auf dich, kläre deine Gedanken.
* ... unter einem = Finde deinen Weg in das Licht.
* ... in allen vier Richtungen = Sei in deinem Leben offen.

Schutzengel
* ... dreht sich = Knüpfe an deiner Lebensfreude an.
* ... schwebt = Erde dich, löse die Angst.

Reihenfolge bei Engelbotschaften

Wenn Sie sich in Ihrer Meditation oder Übung auf eine Engelbotschaft einlassen möchten, so sollten Sie immer auf folgende Punkte achten:

Verfangen Sie sich nicht im Intellekt und in persönlichen Fragen, sondern lassen Sie erst die Hauptbotschaft kommen, die der Schutzengel von sich aus zeigt. Denn in dieser ist der wesentliche Aspekt des Lebens und der momentanen Situation bereits enthalten.

Dann geben Sie sich das Bild bewusst aus Ihrer Erinnerung wieder, um auf Aspekte wie Farbe, Symbol, Form und Gefühl achten zu können.

Lassen Sie durch die Summe Ihrer Wahrnehmungen aus dem Herzen heraus eine geistige Botschaft entstehen, die Sie dann auch wiedergeben können.

Überprüfen Sie Ihre Wahrnehmungen immer wieder auf Stimmigkeit und Vollständigkeit durch Ihr tiefes, fließendes Atmen und Ihr wärmendes Lächeln in Ihrer Brust.

Sollten sich noch nicht alle Fragen, die Ihnen am Herzen liegen, geklärt haben, so können Sie diese in derselben Reihenfolge an Ihren Schutzengel stellen.

Die Reihenfolge beim Empfangen der Engelbotschaften ist meistens: klare Frage, inneres Bild, aus dem Gefühl und der neutralen Haltung heraus ihre Bedeutung, aus der eine klare, fließende Botschaft entsteht.

Engelfarben

Farben zu sehen bzw. zu erspüren, ist oft das erste Anzeichen für Hellsichtigkeit. Ihr Schutzengel kann verschiedene Farben haben. Sie sind überwiegend von der Botschaft abhängig, die er Ihnen gerade überbringt. Die Farben sind immer klar und leuchtend.

An dieser Stelle möchte ich Ihnen einen Überblick zur möglichen Bedeutung von Lichtfarben geben, wie Sie bei Engelkontakten, in Visionen oder Träumen häufig zu sehen sind. Diese Deutungshinweise sollen Sie nicht festlegen oder einschränken, sondern Ihnen eher als eine erste Hilfe dienen.

Im Endeffekt sollten Sie auf Ihre Intuition vertrauen, auf das, was Ihnen für Ihr Empfinden deutlich, wohltuend und zweifelsfrei übermittelt wird und was sich für Sie stimmig anfühlt.

Apricotfarbenes Licht = Schlichtheit
Braun = Bodenständigkeit
Blau = Offenheit, Vertrauen
* Königsblau = Du erkennst dich selber
* Hellblau = Die Kraft aus der Ruhe
* Dunkelblau = Heilkraft im irdischen Wirken
Gelb = Neubeginn, Neues erlernen
Gold = Göttliche Energie
Grau = Traue dich, dein Herz zu öffnen
Grün = Heilfähigkeit
* Gelbgrün (Lemmon) = Persönliche Heilung
* Maigrün = In sich ankommen
* Olivgrün = Entwicklung der Heilfähigkeit
Türkis = Innerer Fluss, Entwicklung, Bewegung
Violett = Geistige Kraft
* Helles Violett = Anbindung an das Göttliche
* Dunkles Violett = Erdung, Verwandlung
* Fliederfarben = Du erlebst den göttlichen Frieden
Rosa = Energie der Liebe und Schönheit
* Dunkles Rosa = Universelle Liebe
* Pink = Freude am Leben

Magenta oder zarte Zwischenstufenfarben = Ich trete in die heiligen geistigen Welten ein
Rot = Kraft, Energie
* Warmes Rot = Kraft und Mut
* Schweres Rot = Unehrlichkeit oder Angst
* Bordeaux = Innere Reife
Orange = Lebensfreude und Frieden
Weißes Licht = Enthält alle Kräfte; Offenheit
* Milchiges Weiß = Gottesliebe
Silber = Segenskraft
Schwarz = Tatkraft, Erde
* Angenehmes Schwarz = Aus sich heraus erwachen
* Kaltes Schwarz = Die unausgeglichenen Gefühle wollen geheilt werden
Regenbogenfarben = Kosmische Fülle im Menschen. »Alles ist möglich!«
Mehrere Farben gleichzeitig = Du brauchst entsprechende Kräfte gleichzeitig, die in dir erwachen
Angenehme dunkle Farben = Blockaden lösen sich
Unreine Farben = Werde in dir klar

Anhand der Farbintensität – ob sie schwach oder stark ist – kann man Stärken und Schwächen ablesen.

Reine Farben zeigen eine eher optimistische Einstellung an; vermischte oder »schmutzige« Farben einen eher pessimistischen Zustand.

Manche Engel, wie z. B. Karmaengel, können sich durchaus auch in dunkleren Farben zeigen, weil sie unsere Last tragen. Unsere Schutzengel in ihrem Lichtgewand können sich auch mit braunen Symbolen und Tönen zeigen. Braun z. B. ist nicht böse, denn unsere gute Erde ist ja auch braun-schwarz. Diese

Symbolik bedeutet z. B. nur »Achte auf deine Erdung« oder »Wirke für die Menschen«.

Kosmische Zahlen

Kosmische Zahlen basieren auf kosmischen Zusammenhängen und Gesetzen. Sie tauchen immer wieder einmal in Träumen oder in Engelbotschaften auf. Deshalb möchte ich an dieser Stelle einige kurze Deutungsvorschläge anbieten.

1 = Einheit, richtige Entscheidung
2 = Weg ins Innere und Weg im Äußeren
3 = Vollkommenheit (auch Dreifaltigkeit)
4 = Unsere Aufgaben
5 = Pause (machen)
6 = Liebe (du hast einen großen Schritt getan)
7 = Neue Pläne
8 = Verirre dich nicht; komm wieder in Fluss
9 = Zukunftspläne
666 = Speichert besonders viel Liebeskraft; hat jemand Angst, so kann sie negativ wirken; die Kraft und Heilkraft der Tiere.
Freitag, der 13. = Hat in geistiger Wirklichkeit keine Bedeutung, sondern entspricht bloßem Aberglauben.

Symboldeutung für Träume, Engelbotschaften und Visionen

Symbole haben nie etwas mit Logik zu tun, weil Symbole eine Seelensprache widerspiegeln. An dieser Stelle finden Sie zunächst einige grundlegende Hinweise zum Umgang mit der Symboldeutung und dann eine Aufstellung von Symbolen und ihren möglichen Deutungen, die in der Praxis häufig auftauchen.

* In der Traumdeutung und der Deutung von Engelbotschaften und Visionen sind Aktionen und Emotionen nur sekundär.
* An erster Stelle stehen immer Symbole; sie sind ausschlaggebend für die Deutung.
* Bleiben Sie in der Beobachterrolle.
* Fragen Sie sich aus einer intuitiven Haltung heraus, welche Bedeutung das Symbol für Sie hat.
* Generell sollte man die Symbole in erster Linie nach ihrer Qualität anschauen und in ihrer Deutung erspüren.
* Sind die Farben eher positiv, angenehm und hell, so deutet das auf Erfolg hin.
* Sind die Farben eher schwer, dunkel und schmutzig, ist das ein Hinweis darauf, dass Achtung und Vorsicht geboten sind.
* Geht die Ausrichtung eher nach oben, so ist das meist positiv zu sehen.
* Bei einer Ausrichtung nach unten wird es eher um etwas Beschwerendes gehen.
* Das Träumen in fremder Sprache bedeutet: »Du kannst diese Sprache leicht erlernen.«

- Der Schutzengel zeigt Ihnen mit seinen Botschaften – wenn Sie es zulassen – den lichtvollsten Weg in die Zukunft.
- Die Schutzengel sprechen in berührenden Bildern.

7. Häufige Fragen zu Schutzengeln

*»Gesegnet seien die Gedanken,
denn aus ihnen folgen die Taten.«*

Im Folgenden liste ich eine Auswahl von Fragen auf, die mir von Seminarteilnehmern gestellt wurden.

Können Kinder die Schutzengel sehen?

Meistens können Kinder bis zum achten Lebensjahr die Engel sehen. Denn bis zum vollständigen Erwachen des Intellekts und des Geistes sind sie in ihrem Seelenlicht immer noch im Prozess der Inkarnation.
So sind ihr Herzchakra und das Drittes-Auge-Chakra noch teilweise offen und nicht vom Intellekt verschlossen. Dieser Zustand setzt natürlich eine liebevolle und friedvolle Kindheit voraus, ohne traumatische Erlebnisse. Da die Kinder die Welt in diesem Alter eher ohne Beurteilung wahrnehmen, sondern überwiegend in einer Aufnahme des Lebens sind, nehmen sie die Engel meist unbewusst wahr und können uns deshalb diesbezüglich selten und wenig darüber mitteilen.
Mit dem vollständigen Erwachen des Intellekts werden die Kinder grobstofflicher, und die Materie dominiert die Aufmerksamkeit. Somit treten die geistigen Wahrnehmungen etwas in den Hintergrund, damit das Kind sich in diesem neuen Leben im Hier und Jetzt besser zurechtfinden kann. Im Laufe

des Lebens und der Stabilität seiner Persönlichkeit können dann die Wahrnehmungen wiederkehren bzw. später wiedererweckt werden.

Kann ich mein Kind in seinem Schutzengelkontakt unterstützen?

Die Eltern sollten auf gar keinen Fall die geistigen Wahrnehmungen bei einem Kind provozieren!
So wie das Kind mit diesen Kräften umgeht, so macht es dies richtig. Denn die Balance zwischen Fein- und Grobstofflichkeit spürt es am besten.
Wenn Kinder etwas Geistiges äußern, so sollten wir zuhören und nicht belehren. Wenn Kinder über diese Welten nicht sprechen wollen, so sollten wir sie in Ruhe lassen. Sonst schwächen wir ihre Erdung und somit die Entwicklung ihrer Selbständigkeit und Persönlichkeit. Kinder suchen in ihren Eltern Vorbilder. Sie nehmen sich von dem, was die Eltern ihnen vorleben, das heraus, das stimmig für sie ist, und in der Dosierung, in der sie es wirklich brauchen. Die Absicht der Spiritualität, nämlich Herzlichkeit und All-Liebe, lernen sie am besten, wenn wir mit Hoffnung und in Liebe und Freude beten, singen und beisammen sind.
Kinder müssen erst einmal Grenzen austesten, um sich wahrzunehmen, bevor sie zum Ursprung auf ihren individuellen Weg in das Feingeistige zurückfinden.

Kann ich die Welt in Bezug auf mich und meine Familie mit Hilfe meines Schutzengels positiv verändern?

Durch unser authentisches Sein und Verhalten können wir alle Familienmitglieder erreichen.
Denn wir leben dann das Vertrauen und die Liebe vor. Durch das Beobachten lernen andere es von uns, weil wir nicht missionieren.
Leben wir unseren inneren Ruf aus, so lassen wir den anderen die Freiheit, es auch zu tun.
Lösen wir unsere Hindernisse im Inneren, so lösen sich diese in den mit uns schwingenden Menschen.
Spüre und lebe täglich deine Stärke mit Hilfe des Schutzengels, und du hast durch dieses Urvertrauen Kraft für alles.

Wie kommunizieren die individuellen Schutzengel einer Familie mit dem Familienengel?

Jede Familie hat einen besonderen Familienengel. Jedes Paar mit Kindern, auch wenn es nicht verheiratet ist, hat einen Familienengel. Ebenso Menschen, die ihre Kinder alleine aufziehen. Der Familienengel stellt sich also ein, sobald es Kinder gibt. Er wird von höheren Himmelskräften gesandt bzw. von der Mutter »angezogen«. Es muss nicht nur einen Familienengel geben, sondern in sogenannten Patchwork-Familien können es auch zwei sein, bis diese eines Tages in ihrer Harmonie vielleicht zu einer Einheit »zusammenwachsen«.
Die Hauptaufgabe des Familienengels ist die Förderung von Harmonie unter den Familienmitgliedern. Seine Heilaufgabe besteht in der Schaffung dieser Harmonie, die eine der wichtigsten Voraussetzungen für Gesundheit ist. Für spezielle körperliche Beschwerden ist er indes nicht zuständig.

Der Familienengel ist deutlich größer als ein Mensch oder der Schutzengel; vielleicht dreimal größer als ein durchschnittlicher Mensch. Entsprechend riesig zeigt sich sein Gewand; seine Flügel sind wie horizontal über allen Familienmitgliedern ausgebreitet und umhüllen sie. Jeder Familienengel hat eine oder einige Grundfarben; er nimmt jedoch die Farbe an, die gerade für die Harmonie in seiner Familie in einer bestimmten Entwicklungsphase am besten ist. Ein rosafarbenes Gewand trägt er z. B. dann, wenn die Familie sich besonders darum bemühen soll, ihre Herzen für gegenseitige Liebe zu öffnen.

Der Familienengel ist sehr mitfühlend, bei Disharmonie oder Streit sogar fast mitleidend. Sein Gesichtsausdruck ist immer ein Spiegel des emotionalen Zustands der Familie, um die er sich kümmert. Je mehr Kinder in die Familie kommen, desto mehr Energie und Ausstrahlungskraft gewinnt der Familienengel, weil seine Aufgabe an der Familie und vor allem an den Kindern noch mehr wächst und die Hülle der Harmonie auch mehr Energie braucht.

Wenn ein Kind in der Familie stirbt, kümmert sich der Familienengel darum, die Seele aus der irdischen Familie in ihre Himmelsfamilie zu führen. Wenn die Mutter stirbt, behält der Familienengel weiterhin seine Aufgaben, und ein zusätzlicher Engel in weiblicher Gestalt kommt aus den Himmelreichen hinzu, um zu helfen, die Umhüllung der Familie mit aufrechtzuerhalten. Dieser weibliche zusätzliche Engel ist ein kleinerer Engel, mit weißer und zart hellblauer Farbe und einem besonders gütigen und tröstenden Gesichtsausdruck.

Der Familienengel betrachtet den lichtvollen Sinn für die Zusammenarbeit der gesamten Familie. Er beobachtet, wie jeder Einzelne sich mit der Hilfe seines Schutzengels entwickelt, und verbindet die jeweiligen einzelnen, sinnerfüllenden Beziehungen der Beteiligten untereinander. Das Licht des Familienengels steht in einem dauernden Kontakt in energetischer Berührung mit den einzelnen Schutzengeln. Er behält sozusagen alle Familienmitglieder im Auge und teilt dem Schutzengel über eine Engelsprache (ein göttlicher Ton, eine Schwingung) mit, welche Zuneigung die Familie von seinem Familienmitglied braucht und wie es der Familie geht. Dadurch kann der einzelne Schutzengel sich ganz auf seine Aufgabe bei seinem Schützling konzentrieren.

Gibt es einen speziellen Schutzengel für sich liebende Paare?

Es gibt keinen speziellen Schutzengel für sich liebende Paare, denn die Liebe entsteht im Herzen eines jeden Einzelnen. Der individuelle Schutzengel des jeweiligen Partners unterstützt die Liebe und die emotionalen Begegnungen. Erst wenn eine Familie entsteht, also frühestens nach dem ersten Kind, kommt noch ein Familienengel dazu, welcher die Harmonie der Familie unterstützt.

Es gibt Phasen, in denen ich keine Liebe für meinen Partner empfinde. Was tut dann mein Schutzengel?

Der Schutzengel wirkt immer an Ihnen und an Ihrer Liebe. Da Engel generell Liebesschwingungen sind, können sie vom Menschen nur wahrgenommen werden, wenn er selbst in Liebe ist. Der Schutzengel wirkt über die Herzenssprache. Das heißt, er wird Ihnen immer auf dieser feinstofflichen Ebene Impulse über die Herzensliebe und das Vertrauen geben. Je mehr Sie sich aus Ihrer Blockade befreien können, desto mehr können Sie das Wirken des Schutzengels wieder spüren und umsetzen. Dies bedeutet, der Mensch ist für sein Verhalten und für seine Gefühle immer selbst verantwortlich.

Es gibt Phasen, in denen ich mich von meinem Partner nicht geliebt fühle. Wie unterstützt mich dann mein Schutzengel?

In diesem Fall geht es vor allem darum, seine Selbstliebe und das Vertrauen in die geistige Führung zu spüren. Der Schutzengel wirkt nur über die Liebe. Das heißt, er gibt Geborgenheit, unterstützt Ihre Stärke, appelliert an die Weisheit und positiven Erinnerungen sowie an die emotionale Lösung. Wichtig ist immer, in Liebe und Verständnis zu bleiben.

Wie schwingt meine Aura mit meinem Schutzengel?

Wenn wir in Liebe und Harmonie sind, schwingen wir so leicht und strahlend wie unser Schutzengel. Dann verbindet sich unsere Aura ganz mit dem Licht des Schutzengels, so dass wir eine besonders heilsame Ausstrahlung bekommen.
Sind wir im Unfrieden, so schwingen wir konträr dem Licht des Engels, so dass wir die Verbindung mit ihm über unsere Aura nicht zulassen und er sich außerhalb aufhalten muss.
Bei atheistisch denkenden Menschen, die ausschließlich an die Materie und die Wissenschaft glauben, habe ich schon beobachtet, dass der Schutzengel sehr weit entfernt steht.

Was ist eigentlich die Aura genau?

Die Aura ist eine energetische Dichte um den Menschen. Ihr Ausdruck spiegelt den seelischen, geistigen und körperlichen Zustand der Person wieder. Man kann daran auch die spirituelle Anbindung des Menschen an das Göttliche erkennen. Erzengel Jophiel sagt, dass die Aura des Menschen ein Ausdruck der göttlichen Energie auf der irdischen Ebene ist.

Die Aura hat quasi keine Grenze und kein Ende, sondern wird mit zunehmender Entfernung zum Menschen immer energieärmer und damit auch für einen Hellsichtigen immer weniger sichtbar.
Da alle Materie die maximale Verdichtung der Energie darstellt, hat auch jedes Lebewesen auf der Erde eine Aura. Materielle Gegenstände haben auch ein Energiefeld, das aber anders geschaffen ist als die Aura. Eine Aura ist im Gegensatz zu einem gegenständlichen Energiefeld an lebende Zellen gebunden und ist somit veränderbar.
Die komprimierte Aura ist von Person zu Person unterschiedlich weit ausgedehnt. Ich erlebe, dass sie von vielen Menschen oft ungefähr einen Meter um den Körper herumreicht.
Je mehr ein Mensch sich für heilsame Kräfte öffnet und bewusst auch an der eigenen ganzheitlichen Heilwerdung arbeitet, desto mehr lichte Schwingungen nimmt er auf und umso weiter dehnt sich seine noch deutlich sichtbare Aura aus – bis zu etwa zwei Metern.
Je mehr sich ein Mensch für die lichten geistigen Welten öffnet, desto transparenter wird seine Aura. Sie kann sich dann sogar bis zu drei Metern ausdehnen.

Wenn die Aura eher wie eine weiße Wolke ist, hat das etwas anderes zu bedeuten, als wenn sie strahlend und klar ist. Im

ersten Fall ruht der Mensch mehr in sich; im zweiten Fall wendet er sich aktiver nach außen.
Die Aura verändert sich und verkleinert bzw. vergrößert sich je nach Zustand der Person.
Je mehr ein Mensch vom Herzen lebt, desto weiter und strahlender ist seine Aura.

Wie kann man lernen, die Aura zu sehen?

Prinzipiell ist es jedem Menschen möglich, die Aura zu sehen, Aurasichtigkeit heißt, in die feinstofflichen Ebenen zu schauen, mit reinem Blick und ohne jede Bewertung.
Hier eine Anfängerübung: Bitten Sie die lichtvolle geistige Welt um Hilfe und Führung. Und entscheiden Sie sich ganz klar dafür, mit den Erfahrungen, die Sie vielleicht bekommen, integer umzugehen. Selbstverständlich sollten Sie auch nur mit einem Menschen üben, der freiwillig mitmacht.

* Blicken Sie auf die Brustmitte der Person.
* Nun weiten Sie Ihren Blick so, dass sie nicht nur die Brustmitte, sondern beide Körperseiten links und rechts ebenfalls wahrnehmen.
* Danach lassen Sie Ihren Blick noch weiter werden, so dass Sie die Schultern und Arme ohne die Ränder der Kleidung, ohne bewusste Fokussierung, beobachten.
* Nehmen sie wahr, wie die Farben der Kleidung aussehen und strahlen.
* Lassen Sie Ihren Blick ruhig und stetig, und stellen Sie fest, ob sich das, was Sie wahrnehmen, verändert oder nicht. Viele Menschen stellen bei diesem Schritt fest, dass sie mehr und mehr feinstoffliche Schwingungen, Energien oder sogar Farben sehen bzw. spüren.

* Achten sie dabei darauf, ruhig zu atmen und gelassen zu bleiben.
* Nun führen Sie Ihren Blick gezielt im Uhrzeigersinn um den ganzen Körper herum. Sie können so etwas wie einen Glanz wahrnehmen oder so etwas wie Wasserwellen, die auch farbig getönt sein können. Sie werden vermutlich auch sehen, wie weit sich diese transparente Ausstrahlung um den Körper herum ausdehnt.

Verändert sich ein Mensch durch den Kontakt mit seinem Schutzengel?

Durch die bewusste und überzeugte Verbindung mit dem Schutzengel gewinnen wir immer mehr an Urvertrauen. Dadurch bauen wir immer mehr innere Spannungen ab und reagieren gelassener auf unsere Umwelt. Hinsichtlich der Gesundheit verändern wir unsere Gewohnheiten ganz automatisch hin zu einer entsprechenden Ernährung und Bewegung. Wir gehen liebevoller mit uns selber um und somit auch mit unseren Mitmenschen und der Familie. Wir folgen dem inneren Ruf und der geistigen Führung und werden selbstsicherer und erfolgreicher, weil wir mehr im Einklang mit uns sind. Sind wir dadurch glücklicher, ist auch unser Körper gesünder. Wir haben unseren Lebenssinn mit Hilfe des Schutzengels gefunden.

Seit Jahren verfolgt mich eine Pechsträhne. Müsste mich mein Schutzengel nicht davor schützen?

Eine Pechsträhne hat immer mit mangelndem Vertrauen in sich selbst, in das Umfeld und in die geistige Führung zu tun.

Haben Sie Vertrauen in Ihre geistige Führung. Definieren Sie Ihre Wünsche, und machen Sie sich klar, dass Sie ein liebenswerter Mensch sind, der nie versagt hat. Aus dieser liebevollen inneren Einstellung werden Sie Positives anziehen, und der Himmel kann dann unterstützend wirken. Alle Wünsche können wahr werden, wenn sie in unserem Herzen existent sind. Sagen Sie dreimal täglich:
»Ich bin schön, ich bin liebenswert, ich habe nie versagt, und ich bin es mir wert, ein erfüllter und glücklicher Mensch zu sein. Die Engel unterstützen mich. Amen.«

Wie kann ich mir helfen, wenn ich meinen Schutzengel nicht sehe, aber seine Hilfe gerne annehmen möchte?

Hierbei ist es wichtig, dass Sie sich Ihrer Liebe im Herzen ganz bewusst werden und tief und frei atmen.
Ich empfehle folgendes Gebet:
»Gottes Liebe erfüllt meine Seele, ich glaube fest an die Existenz meines Schutzengels und bitte ihn, mir bei all meinen Taten beizustehen. Auch wenn ich ihn noch nicht wahrnehmen kann, so habe ich doch tiefes Vertrauen.«

Sie können dieses Gebet sprechen, so oft sie wollen und so oft Sie es für die geistige Anbindung brauchen. Spüren Sie dabei immer einen tiefen Frieden im Herzen, und zweifeln Sie niemals daran, dass der Schutzengel immer für Sie da ist und Sie bei allen Problemen hilfreich und tröstend unterstützt.

Was sollte ich in pessimistischen Momenten tun, in denen ich auch an der Existenz eines Schutzengels zweifle?

In diesen Momenten sollten Sie sich an die tiefe Wahrheit des liebevollen Herzens erinnern und auch die Kraft der Gegenwart nicht vernachlässigen. Ich rate hier die im Buch bereits beschriebenen drei Herzensregeln (tiefes Atmen, Lächeln im Herzen, ruhige Gedanken) anzuwenden, um Klarheit zu gewinnen.

Wie kann ich mit Hilfe meines Schutzengels erkennen, welche Gaben und Aufgaben ich in dieses Leben mitgebracht habe?

Indem Sie sich immer daran erinnern, dass die Ursache für alle Probleme und Fragen die Angst ist und die Lösung und alle Antworten in der Selbstliebe zu finden ist. So begeben wir uns nicht in ein Labyrinth mit unzähligen Fragen, die uns nur weiter verwirren, sondern gehen zielgerichtet mit unserer Energie um.
Wir bekommen einen Überblick über unser Leben, Verständnis für unsere Vergangenheit, Gegenwart und Zukunft und spüren mit Hilfe des Schutzengels, wohin unser Weg geht. Denn wir brauchen ihn nur zu fragen, was unsere Gaben und Aufgaben sind, welche wir in dieses Leben mitgebracht haben.

Wie hängt mein Lebenssinn mit meinem Schutzengel zusammen?

Der Schutzengel ist immer mit dem Lebenssinn verbunden. Der Lebenssinn ist der fortschreitende Weg zur Liebe mit dem Ziel der reinen All-Liebe. Der Schutzengel stärkt die Kraft der

Gegenwart und gibt dem Menschen Impulse, um daraus den Weg zum Ziel zu finden.

Warum haben so viele Menschen Angst vor Leichtigkeit, und warum helfen Ihnen die Schutzengel nicht?

Der Schutzengel gibt uns ständig Impulse, wonach wir frei und glücklich leben können und sollen. Doch wir müssen ihn vom Herzen annehmen, sonst können wir ihn nicht wahrnehmen. Engel dürfen uns niemals ohne unsere Zustimmung helfen, sie würden sonst in unser Karma eingreifen. Im tiefen Vertrauen auf unsere Führung und in der innigen Annahme von uns selbst und unserem Schutzengel kann sich dann das Leben freier und leichter gestalten.

Können auch Engel auf der Erde inkarnieren? Haben sie dann auch einen Schutzengel?

Engel können auch als Menschen inkarnieren. Das kommt z. B. vor, wenn ein Engel uns Menschen näher sein und das Licht auf diese Weise auf die Erde bringen will. Diese Menschen haben ebenfalls ein großes Bedürfnis nach Spiritualität. Dabei sind sie sehr bescheiden. Sie würden nie auf die Idee kommen, sich zu fragen, ob sie inkarnierte Engel wären. Sie wissen ihre Aufgabe als Mensch zu schätzen. So ein Engel kann auch mehrmals als Mensch auf die Erde kommen. Dies ist von seiner Aufgabe an der Erde und am Menschen abhängig. Diese Menschen haben eine besonders große Aura, Herzlichkeit und Sensibilität.
Als Menschen brauchen sie auch einen Schutzengel, der sie in ihrer Lebenssinnerfüllung führt.
Denn auch sie vergessen alles Vergangene, wie alle Menschen.

Haben Tiere auch einen Schutzengel?

Tiere haben keinen persönlichen Schutzengel, weil sie keine individuelle Aufgabe und Geistigkeit haben. Sie haben ein globales Bewusstsein und deshalb einen globalen Schutzengel für jede Tierart. Dieser achtet auf sie während ihres Lebens auf der Erde wie auch auf ihrem Weg ins globale Bewusstsein nach dem Tod.

Ich träumte, ich sei ein Wesen im Kosmos, das Licht und Liebe auf die Erde schickt. War ich ein Schutzengel?

Ein solcher Traum ist immer ein Hinweis auf eine hohe lichtvolle Begabung. Es handelt sich bei einem solchen »Traum« um eine Astralreise, in der die Seele den Körper verlassen hat, um auf diese Lichtgabe aufmerksam zu werden.

Wann treffen wir unseren Schutzengel zum ersten und wann zum letzten Mal?

Am Beginn einer Inkarnation steht die Seele in den Himmelshöhen mit seinem Schutzengel. Dieses Bild ist mit einem hohen Berg im Nebel vergleichbar, auf dem die Gestalt einer durchscheinenden Seele und die Lichtgestalt eines Engels zu sehen sind. Sie kommunizieren miteinander darüber, welche Erfahrungen für die Feinheit und Echtheit der Gefühle für diese Seele durch ein neues Leben sinnvoll sind.
Der Schutzengel gibt aus seiner überdimensionalen Sicht Empfehlungen, und die Seele entscheidet nach eigenem Erspüren, was sie sich zutraut und was noch nicht. Es entwickelt sich ein Lichtpfad, aus dem die Richtung, die Gegend

und die Menschen für die neue Inkarnation angezogen werden.

Die Seele begibt sich auf eine neue Inkarnationsreise zu den Menschen auf diese Erde. Der Schutzengel hüllt diese Seele mit seinen großen Lichtflügeln ein und trägt sie hütend auf die Erde hinunter. Bereits im Leib der werdenden Mutter ist der Schutzengel also schon da.

Während der ganzen Schwangerschaftsphase befindet er sich vor der werdenden Mutter und hüllt das werdende Leben mit seinen Flügeln weiterhin ein. Nach der Geburt behütet der Schutzengel den Menschen auf dem Weg zur Erfüllung seines Lebenssinns, den er sich vor der Inkarnation gemeinsam mit dem Engel vorgenommen hat.

Nach dem letzten Atemzug verlässt die Seele wieder den Körper und geht hinauf in die Himmelswelten. Auch jetzt umhüllt der Schutzengel die Seele wieder mit seinen Lichtflügeln und ist bestrebt, dass sie das Licht, das sie bereit ist anzunehmen, erreicht.

Und so steht wieder eine Seele mit ihrem Schutzengel und überlegt, welcher Lebenssinn jetzt angegangen werden sollte. Sollte die Seele ihren Lebenssinn, z. B. Urteilslosigkeit des vorherigen Lebens, mit Hilfe dieses Schutzengels erreicht haben, so kann ihr ein neuer, anderer Schutzengel begegnen, der ihr in der neuen Entwicklung am besten helfen kann. Der vorherige Schutzengel verbindet sich dann mit einem anderen Schützling, dessen neue Lebensaufgabe der Qualität des Engels entspricht, oder er steigt als Engel auf und übernimmt globale Aufgaben.

Sollte jedoch die vorgenommene, vorherige Lebensaufgabe des Menschen, also der Lebenssinn der vorherigen Inkarnation, nicht erreicht worden sein, dann werden die Seele und der vorherige Schutzengel es gemeinsam noch einmal und noch einmal so lange wiederholen, bis der Sinn erfüllt ist. Die

Seele bleibt trotzdem immer mit dem Licht seiner vorherigen Schutzengel verbunden.

Können die Engel den Tod voraussehen?

Der Todeszeitpunkt steht nicht bereits mit der Geburt fest. Im Verlauf des Lebens zeigt sich, wie weit der Mensch seinen beabsichtigten Lebensweg gehen kann, der für die Entwicklung der Seeleneigenschaften wichtig ist. In diese Seelenvorhaben schwingen die Schicksalskräfte und führen den Menschen. Dafür ist es nötig, verstärkt dem Herzen zu folgen. Dies bedeutet, der Mensch lebt so lange auf Erden, solange er lernen und sich weiterentwickeln kann. Dieser Verlauf hängt vom freien Willen ab. Deshalb kann ein Schutzengel den Tod nicht voraussehen.

Ein hellsichtiger Mensch kann die Zeichen des nahenden Sterbeprozesses anhand der Anwesenheit von Loslassengeln zwar sehen, doch dies kann Wochen, Monate, sogar Jahre dauern, abhängig von der Fähigkeit des Loslassens des Menschen. Deshalb sollte sich niemand, weder ein Hellseher noch ein Arzt, dazu verleiten lassen, einen Todeszeitpunkt vorauszusagen. Denn dieser wird aus der höheren Sicht nie richtig sein, sondern nur Ängste und Blockaden schüren. »Dein Wille geschehe und wirke durch mich«, sollte dabei die Einstellung sein.

Sagt mir mein Schutzengel, was für ein Karma ich habe?

Der Schutzengel ist nicht dafür da, über die vergangene Inkarnation aufzuklären.
Seine schützende, behütende Aufgabe basiert darauf, Sie durch Ihren inneren Ruf an den Lebenssinn zu führen. Er gibt Ihnen Botschaften, die auf dem gegenwärtigen Schritt basieren und einem Zukunftsimpuls entsprechen.
Wenn Sie diesem folgen und Ihren heutigen Lebenssinn erfüllen, der ja auch auf karmischen Prägungen basiert, werden Sie unbewusst Ihr Karma lösen. Denn Lebenssinn bedeutet, Vergangenes ganz aufzugeben, um Liebe zu leben.
Karma ist die Summe nicht verarbeiteter Gefühle. Gehen Sie deshalb lieber in der Liebe auf, so lösen sich andere Gefühle, und dabei brauchen Sie über karmische Erfahrungen auf der bewussten Ebene nichts Näheres zu wissen.

Wie unterstützt mich mein Schutzengel bei körperlichen Erkrankungen?

Hinter jeder körperlichen Erkrankung steckt eine Stauung im Energiefluss. Jeder Schmerz ist ein Schrei der Seele. Die Zellkommunikation geschieht mittels Licht (Photonen). Es ist also wichtig, wieder Licht in die erkrankten Gebiete zu leiten. Dies erfordert viel Vertrauen und Glauben an die eigenen Selbstheilungskräfte, denn aus dieser Erkenntnis findet die Heilung statt (»Dein Glaube hat dich geheilt«). Und dabei unterstützt der Schutzengel.

- Die Verbindung zu Ihrem Partner wächst in Ihrer Spiritualität mit.
- Lieben heißt, im Vertrauen die Kontrolle loszulassen.
- Ihre äußere Umgebung gleicht sich Ihrem inneren Empfinden an.
- Achten Sie auf körperliche und geistige Ausgeglichenheit.
- In der Liebe ist Ihre Kraft!

8. Wirken der Schutzengel im Alltag: Fallbeispiele

»Erkenntnisse öffnen neue Türen.«

Beispiel 1: Vor einigen Jahren hatte ich die Begegnung mit einer Frau, die völlig aufgebracht und wütend auf ihren Mann war und sich von ihm trennen wollte. Ihr Schutzengel und der Schutzengel ihres Mannes zeigten mir zwei helle, gerade, nebeneinander verlaufende Wege. Dies bedeutete, sie können noch viel voneinander lernen, wenn sie wollen.

Diese Engelbotschaft hat ihr nicht gefallen, denn sie sagte, sie könnte ihn eher umbringen, als weiterhin ertragen.

Ich erklärte ihr, dass jegliche Wut nichts mit der wahren Begebenheit, sondern eher mit verletzten Kindheitsmustern in ihr zu tun habe, und ich empfahl ihr, das Gebet von ihrem Schutzengel zu nutzen und danach die richtige Entscheidung für sich zu treffen.

Das Gebet lautete:

»Liebe lichtvolle geistige Welt, lieber Schutzengel.

Ich bitte um Führung für meine Partnerschaft.

Möge sich alles so entwickeln, wie es für mich, für meinen Mann und unsere Kinder am lichtvollsten ist.

Mein lieber Mann (sein Vorname), du sollst wissen, dass ich dich liebe, auch wenn wir uns im Moment nichts zu sagen haben.

Ich bin offen für Gespräche und Lösungen.

Amen.«

Die Idee mit einem Gebet hat ihr zwar gefallen, aber den vierten Satz: »Mein lieber Mann (sein Vorname), du sollst wissen, dass ich dich liebe, auch wenn wir uns im Moment nichts zu sagen haben«, konnte sie so nicht akzeptieren.

Ihr Schutzengel gab ihr den Hinweis, diesen so zu verändern, wie sie sich heute damit identifizieren konnte.

Also sprach sie innerlich dafür: »Mein lieber Mann (sein Vorname), du sollst wissen, dass ich akzeptiere, dass du lebst, auch wenn wir uns im Moment nichts zu sagen haben.«

Sie hat dreimal am Tag, drei Wochen lang, mit diesem Gebet an sich gearbeitet. Im Laufe dieser Zeit hat sie sich so weit entwickelt, dass sie das Gebet in seiner ursprünglichen Form sprechen konnte, so dass ihr Partner seine Angst vor ihr verlieren und es eine Woche später zu einer Aussprache kommen konnte. Sie sind heute noch verheiratet, und jeder weiß an seinen Seelenqualitäten zu arbeiten.

Beispiel 2: Eine ältere Dame berichtete Folgendes: Seitdem ihr dominanter, zum Schluss pflegebedürftiger Partner verstarb, sei sie nicht mehr auf die Beine gekommen. Sie konnte sich das nicht erklären, denn sie war eigentlich froh, dass er jetzt seinen kranken Körper verlassen konnte und sie für ihr eigenes Leben frei wurde. Alle medizinischen Untersuchungen beim Arzt und auch beim Heilpraktiker führten zu keinem Ergebnis.

An ihrer Aura ist mir aufgefallen, dass sie schutzlos, matt, schwach und klein war, so dass ihre Energie irgendwohin von ihr wegfloss. Ich beobachtete, wohin diese Kräfte flossen, und sah die Seele ihres verstorbenen Partners vor ihr stehen. Er war ebenfalls matt, fast schon düster. Er war zu Lebzeiten Arzt und drehte nun das Chakra am Solarplexus der Dame entgegen dem Uhrzeigersinn. Das heißt, ihre Lebenskräfte flossen durch diese Manipulation davon, so dass sich ihre

Lebenszeit verkürzen sollte. Ich habe ihr mitgeteilt, dass er dies mache, damit sie ihm nachfolge. Sie war glücklicherweise dagegen und bereit, ihre Koabhängigkeit durch ein Gebet und innere Stärke zu lösen, durch welche er in seiner Koabhängigkeit Energie »abzapfen« konnte. Denn es gehören immer zwei dazu: einer, der Energie saugt, und ein anderer, der saugen lässt, im freien, wenn auch unbewussten Willen.

Das Gebet dazu war:
»Liebe lichtvolle geistige Welt, lieber Schutzengel.
Ich bitte um Führung und Heilung für mich und seine Seele.
Lieber Partner (sein Vorname), an meiner Energie darfst du dich nicht mehr bedienen! Gottes Liebe erfüllt meine Seele, ich lasse dich los, ich lasse dich gehen. Mein Weg geht auf dieser Erde weiter. Schau nach oben in das Licht und folge deinem Schutzengel!«

Nach ein paar Wochen innerer Arbeit mit Hilfe dieses Gebetes kam es zur energetischen Trennung der Koabhängigkeit ihrerseits, so dass er sie nicht mehr manipulieren konnte und sie wieder zu ihrer Kraft kam, die auch anhielt.
Ihr Schutzengel durfte sie durch ihre lichtvolle Lebenseinstellung wieder einhüllen.
Die Seele ihres Partners blieb aber trotzdem besitzergreifend. Er konnte jedoch nicht mehr an ihr kleben, so dass sein Schutzengel sich zwischen sie und ihn stellte und ihn woandershin in die Astralwelten führen konnte. Seine Seele lernt immer noch, in sich Vertrauen zu finden und in seiner Dominanz und Herrschsucht von anderen abzulassen. Sein Schutzengel hat Geduld mit ihm, solange er es braucht, um ihn danach in die lichtvollen Sphären zu begleiten.

Beispiel 3: Eine Frau kam zu mir und erzählte, dass ihr 69-jähriger Mann seinen Vater nie kennengelernt habe, weil dieser im Zweiten Weltkrieg, unmittelbar nach seiner Geburt, gefallen sei. Auffallend sei seine Verhärtung und Missachtung, die er ohne ersichtlichen Grund anderen Menschen und Kulturen entgegenbringe, und dass er bis heute die Uniform seines Vaters im Schrank und dessen Fotos im Zimmer aufgehängt habe.

In Wirklichkeit, erklärt der Schutzengel dieses Mannes, ist dies ein sehr weicher und liebevoller Mensch. Er konnte sich jedoch nicht in diese Richtung entwickeln, weil die Seele seines verstorbenen Vaters den Neugeborenen, durch seine Sehnsucht nach ihm, besetzte. Das heißt, der Vater merkt gar nicht, dass er tot und der Krieg längst vorbei ist, und lebt in der Aura seines Sohnes mit. Es konnte sich aus seiner Wut auf das Leben, ohne Realitätsbezug, ein gemeinsames Gedankengut ohne Individualität der Seele entwickeln, so dass der verstorbene Vater oft durch ihn denkt und redet, als ob noch Krieg herrschen würde.

Der Schutzengel des Vaters wartet dabei geduldig ab, bis dieser freiwillig seinen Wahn loslässt und ins Licht aufsteigen möchte. Und der Schutzengel dieses nun erwachsenen Mannes muss auch warten, bis er freiwillig begreift, was für eine fremdartige Weltvorstellung er vertritt und sich für die Wahrheit öffnet, indem er die Wut über den Verlust des Vaters loslässt. Aus dieser Inkarnation, ganz gleich, wie es weitergeht, werden beide das Thema »eigene Resonanz« irgendwann begreifen und daraus lernen können. Denn die Engel geben allem einen lichtvollen Sinn, ganz gleich, was der Mensch mit seinem freien Willen bewusst oder unbewusst anstellt!

Da diese Angelegenheit ihn und seinen Vater betrifft, kann seine Frau da nicht eingreifen.

Sie hat dabei die Aufgabe und die Möglichkeit, zu lernen, wie sie mit diesen Dingen umgehen und loslassen kann. Durch ihr vorbildhaftes Mitgefühl kann die Seele ihres Partners sein Licht erkennen, wenn er es will und zulässt. So könnte er seinen Charakter zum Positiven korrigieren und den Lebenssinn doch noch erreichen.

Folgendes Gebet gab ihr der Schutzengel für Trost und ihren Weg:
»Liebe lichtvolle geistige Welt, lieber Schutzengel.
Ich bitte um Segen, Führung und Heilung für mich, meine Familie und alle Beteiligten.
Möge jeder nach oben in das Licht schauen und seinem lebenssinnerfüllten Weg folgen.
Gottes Liebe erfüllt meine Seele, ich werde geführt und beschützt in meinem Leben.«

- Der Schutzengel reagiert immer mit Verständnis.
- Der Schutzengel sieht in allem das Positive.
- Der Schutzengel respektiert immer Ihren freien Willen.
- Verstehen heißt loslassen.

9. Inneres Wissen der neuen Zeit

»*Das Licht offenbart sich im lächelnden Herzen.*«

Wir befinden uns in einer großen und großartigen Zeitenwende. Die vedischen Schriften nennen es das Goldene Zeitalter, die Astrologen sprechen vom Übergang des Fische-Zeitalters der vergangenen 2000 Jahre in das Wassermann-Zeitalter.

Im Fische-Zeitalter waren die männlichen Strukturen dominierend, mit Härte, Strenge und Macht. Dies zeigt sich sowohl an der Stellung und den Machtansprüchen der Kirche, an engen gesellschaftlichen Normen und Moralvorstellungen wie auch an den häufigen Kriegen.

In dieser Zeit war der Intellekt vorherrschend. Im nun beginnenden Wassermann-Zeitalter stehen eher die weiblichen Strukturen im Vordergrund; hier ist mehr die Weisheit gefragt. Dies bedeutet auch mehr Weichheit, Liebe, Gefühl und Licht.

Zu keiner Zeit in der Menschheitsgeschichte hatte der einzelne Mensch jemals diese Möglichkeiten wie gerade jetzt, zu erfahren, wer er wirklich ist und was seinen Lebenssinn ausmacht. Es gibt kein Geheimwissen mehr, keine Kirche, die uns mit einem strafenden Gott, mit Sünde und Fegefeuer einschüchtern kann. Heute steht uns das ganze kosmische Wissen zur Verfügung.

Jetzt liegt es an uns, uns für einen Weg zu entscheiden, denn die Welt ist so, wie der Einzelne sie für sich sieht.

Wir wurden noch in das alte, männliche Zeitalter hineingeboren und tragen diese Strukturen und Erfahrungen aus der Erziehung in uns. Es obliegt nun unserem freien Willen, ob wir mit diesen Mustern, die uns eine vermeintliche Sicherheit bescheren, unser Leben weiterhin gestalten, oder ob wir den großen Schritt in das neue Zeitalter mit neuer Freiheit, Leichtigkeit, Freude und liebevollem Umgang mit uns und unseren Mitmenschen wagen.

Vollziehen wir diesen Schritt im tiefsten Herzen (und nicht nur mit dem Intellekt), so stehen uns die unendliche Weisheit und das Wissen des ganzen Kosmos heute viel mehr zur Verfügung als jemals zuvor. Heute können wir Begrenzungen loslassen, die geistige Welt erwartet dies, die Engel stehen uns unterstützend zur Seite.

Ich möchte Sie ermuntern und wünsche Ihnen von ganzem Herzen Vertrauen und Hoffnung in eine neue, liebevolle Welt. Bringen wir unser Inneres in Liebe zum Erstrahlen, so leuchtet wieder ein Licht mehr auf der Welt.

- Die Welt ist so, wie ich sie sehe.
- Das neue Zeitalter bringt Liebe und Weisheit.
- Jeder Mensch, der in Liebe erstrahlt, erhellt auch die Erde.

Anhang

*»Jeder Mensch ist stets von
himmlischen Kräften umhüllt.«*

Symbolliste für Träume, Engelbotschaften und Visionen

A

Aal	Du findest immer einen Weg aus den Tiefen
Abreißkalender	Gehe mit der Zeit
Abziehbild	Lasse Veränderungen zu
Adler	Du trägst altes Wissen der Natur und des Schamanismus in dir
Adler, braun	Karmische, schamanische Heilfähigkeit
Adler, golden	Gottes Wissen ist in dir
Adler, schwarz	Befreie dein altes Wissen
Adler, weiß	Spirituelles Wissen
Adventskranz	Fluss, Segen
Ahornflieger	Du entwickelst neue, erhellende Eigenschaften
Aktentasche	Studium im Herzen
Allee	Bleibe auf deinem Weg
Altar	Gespräche mit Lichtwesen
Aluminium	Unbesiegbarkeit

Ameise	Der Fleiß lohnt sich
Amethyst-Druse	Starker geistiger Schutz
Ampel	Entscheidung
Ampel, gelb	Geduld bei deinen Vorhaben
Ampel, grün	Du bist bereit, der Weg ist frei
Ampel, rot	Überdenke deine Entscheidungen
Andreaskreuz	Halte inne und achte auf deine Kräfte
Andreaskreuz mit zwei Querbalken	Schwere loslassen
Apfel	Wissen
Apfelbaum	Deine Pläne werden in Erfüllung gehen
Apfelblüte	Du wirst vom Leben beschenkt
Aprikose	Die Reife in dir
Arbeiter	Du bist dir nicht zu schade anzupacken
Armbanduhr	Lass dich nicht hetzen
Arzt im Kittel	Helfender Dienst
Äskulapstab, Apothekerstab	Alte, mitgebrachte Heilfähigkeiten
Aubergine	Du trägst Geistiges in die Materie
Auge	Du wirst heil werden/heilen
Auge, geschlossen	Du bist in einer guten heilerischen Entwicklung
Auge, Pfauenauge	Wende deine Heilfähigkeit an
Auge, rot	Die Notwendigkeit der Wegfindung
Auge, violett	Du findest dich selbst
Aura	Feinstofflichkeit des Menschen
Aura, glanzlos	Lerne, dir zu begegnen

	Aura, groß, fein	Große Feinheit in der Wahrnehmungsfähigkeit
	Aura, voller Kerzen	Du bist voller Licht
	Außerirdische	Dein geistiger Kanal öffnet sich
	Austern	Wähle nur das Beste
	Autobahn	Gestalte alles in Ruhe
	Autobahn und Straßen durch dich hindurch	Du hast viel erlebt
B	Baby	Fürsorge
	Bach	Im inneren Zuhause ankommen
	Ball	Spielerischer Umgang mit der Situation
	Bänder, farbige	Kraft und unterschiedliche Eigenschaften
	Bär	Menschliche Kraft
	Bär, braun	Du hast Kraft und Umsetzungsvermögen
	Bär, grau	Glaube an deine Kraft
	Bär, weiß	Du verwandelst dich für deine inneren Vorhaben
	Bauchtänzerin	Weiblichkeit durch Kreativität
	Bauer	Nimm deine Aufgabe in Angriff
	Bauer und Rübe (Märchen)	Eine große Aufgabe steht dir bevor
	Baum	Stehe fest zwischen Himmel und Erde
	Baum, Birke	Alles mit Stärke verwandeln
	Baum, gespalten	Nimm dich an
	Baum, Linde	Verbundenheit zwischen Himmel und Erde

Baustelle	Ein neuer Aufbruch
Baustellenschild	Es gibt viel zu tun
Beerdigung	Ein Neubeginn steht an
Beeren	Fühle dich in dir zu Hause
Berg	Du suchst nach deiner Aufgabe, schöpfe Kraft
Berg, hinaufgehen	Du wirst erfolgreich sein
Berg, hinuntergehen	Achte auf deine Meinungen
Besen	Aufräumen
Bettler	Nicht der äußere Reichtum ist wichtig, sondern der innere
Bibel	Kehre zu deinen persönlichen Werten zurück
Biber	Dienst am Nächsten
Biene	Du bist in der Lage zu helfen
Biene, weiß	In reiner Absicht bist du zu Großem fähig
Biene Maja	Gehe mit deiner Heilkraft spielerisch um
Bienenkönigin	Neue geistige Aufgabe
Bienenwaben	Dein Inneres heilt
Bischofsmütze	Mitgebrachtes Wissen und Gaben
Bischofsstab	Innerer Meister
Blatt, Papier, leer	Lerne aus der Inspiration
Blätter, beschriebene	Beobachten und anwenden
Blei	Löse deine Schwere
Bleistift	Mach etwas aus deinen Begabungen
Blitz	Achte auf die Verbindung deiner Stärken

Blume	Schönheit des Inneren
Blume, Dahlie	Die Verwandlung
Blume, Forsythie	Harmonisches Erwachen
Blume, Gänseblümchen	Die Zartheit erwacht
Blume, Glockenblume	Erwachen in der Einfachheit und Kreativität
Blume, Lilie, rot	Erfahrungsschatz
Blume, Lilie, weiß	Spirituelle Kraft
Blume, Lotosblume	Die Sicherheit im Wissen
Blume, Maiglöckchen	Inneres Erwachen
Blume, Margerite	Der Zauber des Lebens ist in dir
Blume, Mohn	Du hast deine Kraft
Blume, Nelke	Sicherheit
Blume, Pfaffenhütchen	Heilige Gabe
Blume, Pfingstrose	Erwachen des göttlichen Reichtums in dir
Blume, Rose	Selbstliebe
Blume, Rose, dunkelrot	Universelle Liebe
Blume, Rose, silbern	Segnung für die göttliche Aufgabe
Blume, Rose, weiß	Botschaften
Blume, Rosenblüten	Liebesfähigkeit
Blume, Rosenbüsche	Du bist von allen Seiten in Liebe eingehüllt
Blume, Schneeglöckchen	Du gewinnst an Kraft

Blume, Seerose	Du kannst Ruhe und Frieden verbreiten
Blume, Sonnenblume	Deine lichtvollen Taten werden wunderbare Folgen haben
Blume, Tulpe	Nimm Unterstützung an
Blumenvase	Du wirst vom Leben beschenkt
Blut	Persönliche, individuelle Prozesse
Blut, menschlich	Verwandtschaftliche Beziehungen
Blut, tierisch	Karmische Auflösungsprozesse im Hinblick auf die Familie
Blüte	Heilkraft
Blüte, rosa	Entwickle deine Intuition
Blüte, weiß	Trage dein Licht zu den Menschen
Boden aus Licht	Folge dem neuen Weg
Bogen, Gebäude, dunkel	Du findest den Weg
Bogen, Gebäude, hell	Ein neuer Weg liegt bereits vor dir
Bogen, zum Schießen	Eine neue Perspektive
Bombe	Du bist allem gewachsen
Bonbons	Versüße dir das Leben
Boxhandschuhe	Sei dir sicher
Braut	Lass nicht andere für dich entscheiden
Brautschleier	Erkenne das Wesentliche in deinem Leben
Brezel	Deine Lebenserfahrungen machen dich stark

Brief	Die Engel möchten dir Botschaften schicken
Briefumschlag	Dir wird etwas mitgeteilt
Brille, Lesebrille	Lerne von allem
Brille, Sonnenbrille	Mache dich auf, neues Wissen im Praktischen zu erfahren
Brot	Du bist in Fülle
Brücke	Tu den Schritt in deine Zukunft
Brücke, abgebrochen	Dein Plan ist nicht ausgereift
Brunnen	Verwandle alles in Stärke
Brunnenwasser, sauber	Du bist in deiner Heilkraft
Buch	Weisheit
Buch, geschlossen	Trau dich, dein Wissen zu offenbaren
Buch, in dem geblättert wird	Du wirst über das Leben viel erfahren
Buch, offen, Fremdsprache	Du wirst lernen, eine neue Kraft zu entwickeln und einzusetzen
Buch, offen, leer	Lerne, aus deinem inneren Reichtum zu schöpfen
Buch, offen, lesbar	Schöpfe aus geistigem Wissen
Buch, offen, ständig blätternd	Nutze dein Wissen langsam, nach und nach
Buch, braun	Wissen wird in Erfahrung umgewandelt
Buch, schwarz	Buch des Wissens
Bulle, Stier	Tatkraft und Tatendrang
Burg	Finde deine geistige Anbindung

C	Campingtopf	Du weißt dir immer zu helfen
	Christbaum, gesund	Viel Grund zur Freude
	Christbaum, ohne Nadeln	Vergangenes ist vorbei
	Christuskreuz, dunkel	Entwickle Vertrauen in die lichtvolle geistige Welt
	Christuskreuz, in heller Farbe	Dein Urvertrauen ist geheilt
	Christuskreuz, mit dem Gekreuzigten	Du kannst dein eigenes Leid heilen
	Clown	Betrachte die Gegenwart mit Humor
D	Dach	Die göttliche Sicherheit ist in dir
	Dachdecker	Du erlebst deine Sicherheit
	Darmschlinge	Loslassen
	Delphin	Weg zum Frieden
	Diadem auf der Stirn, Stirnband	Erkenntnis, Hellsichtigkeit
	Diamant	Reinheit
	Diebstahl	Du hast nichts zu verlieren
	Dinosaurier	Grüble nicht über die Vergangenheit
	Dinosaurier, Flugsaurier	Achte auf deine Gedanken
	Distel	Alles findet seine Heilung
	Dolch	Löse die Belastungen
	Dolch, zerbricht	Schmerz verschwindet
	Dollarzeichen	Die Fülle, die du brauchst, wirst du erreichen
	Doppelhelix	Verbindung zwischen Himmel und Erde

Dornbusch, brennend	Folge deiner Wahrheit
Drache	Sieg über die Angst
Dreck/Staub kehren	Auseinandersetzung mit Ängsten
Drei	Göttliche Ordnung
Dreieck	Ausgeglichenheit von Körper, Seele, Geist
Dreieck, nach unten zeigend	Überdenke etwas, triff noch keine Entscheidung
Dreieck, nach oben zeigend	Wegweisung
Duft	Innere Erfüllung
Edelperle, schwarz	Göttliche Schönheit in der Materie
Edelstein	Eine geistige Gabe
Edelsteine, zu einer Halskette	Erlebe die Schönheit, die in dir ist
Edelsteine, violett	Geistige Verbundenheit
Ei	Fruchtbarkeit, Fülle, Überraschung; du reifst heran
Ei, eine Hälfte	Lass dich nicht von Zweifeln ablenken
Eichenblatt	Du wirst geheilt
Eichhörnchen	Du schöpfst aus deinen Erlebnissen
Eichhörnchen mit Nüssen	Du brauchst für deine Sicherheit Wissen
Eidechse	Geheimwissen
Eimer, aus Aluminium	Du brauchst Sicherheit und beugst vor
Einhorn	Du bist ein spiritueller Lehrer

Eisberg	Hemmungen verabschieden
Eisen	Befreiung
Eisenbahn	Hetze nicht mit deinen Plänen
Eisenstange	Verhärtung lösen
Eiszapfen	Innere Verwandlung
Elch	Beständigkeit
Elch, weiß	Du hast die Kraft, spirituelles Wissen bodenständig umzusetzen
Elefant	Alte Weisheit
Elfe	Du schenkst den Menschen sehr viel Freude
Elfenflügel	Humor erdet
Embryo	Die Stärke deiner Persönlichkeit möchte in dir erwachen
Energiekreis	Alles wird rund
Energiekreis, linksdrehend	Du findest inneren Frieden
Energiekreis, rechtsdrehend	Energiezufuhr
Enge	Angst
Engel, aus Porzellan	Du trägst alte Weisheit in dir
Engel, lobpreisend	Leichtigkeit vermitteln
Engel, mit Kugel und Christuskreuz	Du sammelst Erfahrungen mit Gerechtigkeit
Engel, sitzen wie im Klassenzimmer	Du bekommst eine lehrende Aufgabe
Engel, stehen Spalier	Schutz und Begleitung

Engelstaub	Du hast eine spirituelle Aufgabe
Ente	Gemütlichkeit
Erdbeere	Du hast viel Energie
Erdhügel	Neue Kraft entsteht
Erdkugel	Die Fähigkeit, fremde Kulturen zu verstehen
Ertrinken	Deutet auf eine Angst hin, die du lösen kannst
Esel	Du musst nichts mehr tragen
Eule	Betrachte deine Stärken genauer
Eva	Die Hingabe zum Göttlichen
Eva mit Apfel und Schlange	Durch dein erlangtes Wissen erlebst du deine Selbständigkeit
Ewiges Licht	Du trägst sehr viel Hoffnung in dir

F

Fabeltier (Fantasietier)	Kläre deine Gedanken
Fächer	Kreativität
Fadenspule	Du sammelst Wissen
Fahne, rot	Die Kraft, Dinge zu verändern
Fahne, weiß	Sei mit dir im Frieden
Fähre	Du bist mit vielen Menschen verbunden
Fahrrad	Halte das Gleichgewicht
Falke	Überbringer einer Botschaft
Faust	Durchsetzungsvermögen
Fechter	Definiere deine Ziele
Feder	Vorhandenes geistiges Wissen

Feder, grün	Die Leichtigkeit heilt
Feder, in Flügeln des Engels	Du hast die Kraft, in deinem Leben etwas zu bewegen
Feder, orange	Der Weg zur Leichtigkeit führt über die Lebensfreude
Feder, rot	Schamanische Heilkraft erwacht in dir
Feder, weiß	Einweihungswissen eines Heilers
Feder, zum Schreiben	Sammle Wissen, nimm deine Möglichkeiten wahr
Fee	Feinstofflichkeit, Liebesfähigkeit
Feigenblatt	Du wirst auf der geistigen Ebene geheilt
Feld	Schau dir Neues an
Feldblumen	Achte auf mehr Harmonie in deinem Leben
Felsen	Du bist ein Fels in der Brandung
Fenster	Nimm deine Möglichkeiten wahr
Fernrohr	Entscheide dich für deine Ziele
Festtafel	Feiere mit deinen Mitmenschen
Feuer	Die Angst löst sich auf
Feuer, blau	Dein Herz schlägt für die geistigen Welten
Feuer, violett	Innere Reinigung
Feuerstelle	Altes wird geheilt und gereinigt
Feuerwehrauto	Entscheide dich
Feuerwerk	Neubeginn, feiere dich
Fingernagel	Achte auf deine Individualität
Fisch	Der Weg führt nach innen

Fisch, Goldfisch	Wunscherfüllung
Fisch, grau	Du bist dabei, deinen Weg zu gehen
Fisch, groß	Nutze die Fülle deiner Möglichkeiten
Fisch, klein	Versteck dich nicht
Fisch, schaut nach unten	Du bist auf einem guten Weg in deine Tiefe
Fisch, tot	Baue nicht auf dem Alten auf
Fisch, zappelnd	Finde deinen Weg in innerer Ruhe
Fischernetz	Verfolge deine Ideen
Fischgräten	Zweifle nicht an deinem Weg
Flagge, ausländische	Aus karmischen Gründen wirst du geleitet
Flagge, rot	Mut
Flagge, Startflagge	Start
Flagge, weiß	Geduld
Flammen	Reinigung
Flamme, innere	Deine Begabung verstärkt sich
Flasche	Fülle dein Leben mit neuen Erfahrungen
Fledermaus	Das Gute ist überall
Fleischstück, roh, mariniert	Hilf den Menschen auf eine für sie sehr nachvollziehbare Weise
Fliege	Alles hat sein Gutes
Fliegenpilz, Giftpilz	Alte Verletzungen spielen keine Rolle
Fliegenvorhang, schön geschmückt	Freue dich auf alles, was geschehen wird
Flipflops	Gehe deinen Weg in Lebensfreude

Flossen	Finde deine Sicherheit und Bodenhaftung
Flügel	Die Leichtigkeit kommt
Flugzeug	Leichtigkeit der Gedanken
Flugzeug, weiß	Du landest in deiner Spiritualität
Flugzeug, stürzt ab	Lass das, was nicht sein soll, los
Fontäne	Befreiende Kraft
Forsthaus	Du lüftest die Geheimnisse
Fotos	Grüble nicht
Fotos aussortieren	Ordnung in die Vergangenheit bringen und vergeben
Frau	Weiblichkeit, Vertrauen, Hingabe
Frau, alt	Alte Weisheit
Frau, demutsvoll	Eine heilige innere Haltung
Frau, entbindend	Verwirkliche deine Vorhaben
Frau, jung	Öffne dein Herz
Frau, schwanger	Du trägst eine Idee in dir
Freiheitsstatue	Zweifle nicht an deiner Kraft
Friedenstaube	Du wirst Gott erkennen
Friedhof	Verabschiede dich von Ängsten
Frosch	Verwandlung
Fuchs	Du verstehst es, jedes Hindernis zu umgehen
Funke	Eine gute Idee
Fußball	Nimm nicht alles so ernst
Fußfesseln	Achte auf alte Muster

Füße, groß	Ein großartiger Weg
Füße, klein	Du wirst überrascht werden
Galgen	Du lässt alte Angst los
Gans	Geh deinen Weg mit viel Gemütlichkeit
Garten	Schutz
Gartentor	Vor dir steht ein Neubeginn
Gartenzwerg	Du kannst dich auf deine Intuition verlassen
Gärtner	Hege und wirke
Gazelle	Folge deinem Weg
Gebirge, Berg	Schamanische Heilkraft
Geburt, Baby, Kleinkind	Neue Ideen
Geburt, Junge	Dein Vorhaben wird von Erfolg gekrönt sein
Geburt, Mädchen	Achtsamkeit ist immer nötig
Gefäß, Korb	Du sammelst Kräfte
Geier	Alte Dinge lösen sich auf
Geige	Die Leichtigkeit des Lebens
Geldautomat	Eine neue berufliche Möglichkeit bietet sich dir
Geldmünzen	Achte auf deine Ausgaben
Geschenk	Freu dich auf die Geschenke des Lebens
Gesicht, böse	Sei dir selbst gegenüber aufrichtig
Gesicht, freundlich	Fasse Vertrauen zu anderen
Gesicht, Kindergesicht	Lass dich auf Neues ein

Gesicht von Jesus	Du wirst eingeweiht
Gesicht/er von Menschen	Stärke die Beziehung zu dir selbst
Gesichtshälfte	Werde dir deines ganzen Potenzials bewusst
Gewehr	Sorgsames Abwehren
Gießkanne	Deine Hilfe wird gerne angenommen
Ginkoblatt	Heilkraft
Glaskugel	Wissen strömt zu dir
Glasscheiben	Eine neue Welt tut sich vor dir auf
Globus	Du begreifst die Zusammenhänge
Glocke	Erwache; sei dir deiner Besonderheit bewusst
Glühwürmchen	Das Licht ist überall
Gnom	Deine Wahrnehmungen verstärken sich
Gold	Weisheit, heilige Macht
Goldfäden	Erfolg
Goldklumpen	Bodenständigkeit, Reichtum
Goldplatte	Göttliche Hilfe
Goldregen/goldene Münzen	In deinen Gaben liegt der Erfolg
Golfplatz	Du bewältigst die Aufgaben spielerisch
Gorilla	Betrachte alles an dir
Gottes Hände	Habe Gottvertrauen
Griechische Säule	Weiser Mensch
Grillrost	Halte nicht an alten Gewohnheiten fest
Großvater	Mitgebrachte Aufgaben

Grotte	Die heilige Kraft ist in dir
Grundmauern eines Hauses	Lege Wert auf ein sicheres Gefühl in dir
Gummistiefel	Die Mühe lohnt sich
Gurke	Dein liebevolles Wirken wird Früchte tragen
Gurke, gelb	Du reifst zu Höherem
Gurke, Salzgurke	Feiere dein Leben
Haare, fallen aus	Achte auf deine Gesundheit
Haare, gesund	Du bist in deiner Kraft
Haarkamm	Lass Vergangenes los
Haarspange	Werde dir deines inneren Reichtums bewusst
Hagebutte	Neue Kraft
Hagel	Bereitschaft zur Veränderung
Hahn	Bring deine Stärke zum Ausdruck
Hahn, kräht	Du bist zum nächsten Schritt bereit
Hai	Konsequenz
Hammer	Handeln steht an
Hand	Hilfe, Vertrauen
Hand, geschlossen	Löse den Krampf
Hand, offen	Dein geistiger Führer arbeitet an dir
Hände, viele Hände ineinander	Geistige Aufgabe am Menschen
Hände, zwei geben sich die Hände	Kümmere dich um den anderen
Hände, zwei Hände ineinander	Frieden mit der Welt

Hängematte	Lass dich in Vertrauen fallen
Harfe	Lieblichkeit des Seins
Hase	Unterschätze dich nicht
Haube, medizinische	Du trägst einen helfenden Geist in dir
Haus	Veränderungen
Haus, auf dem Dach stehend, man schaut nach oben	Empfange deine Gabe
Haus, auf dem Dach stehend, man schaut nach unten	Achte auf deine Schritte
Haus, darin stehend	Erkenne, was jetzt zu tun ist
Haus, neu	Neuer Lebensabschnitt
Haus, von außen ansehen	Ein großer, neuer Schritt
Haus, von innen sehen	Kläre dich, verliere dich nicht
Haus, zerfällt	Lass das Problem los
Hecke	Schränke dich nicht ein
Heilige Drei Könige	Der Himmel hat eine Botschaft für dich
Heiligenschein	Du hast die Meisterschaft erreicht
Heiligenschein, golden	Du bist in Gottes Händen
Heilpflanzen	Schamanische Heilkraft
Herbstblatt	Lass Vergangenes los
Herz	Spüre, was dir wichtig ist
Herz, menschlich	Heilung durch Ahnenkräfte

Herz, pochend	Du hast die Aufgabe, Selbstliebe zu entwickeln
Herz, Spielkarten	Du hast dein Herz wiedergewonnen
Heugabel	Räume mit Dingen auf, die dich stören
Himmel	Möglichkeiten
Himmel, bewölkt	Öffne dich
Himmel, blau, wolkenlos	Klarheit
Hochwasser	Eine konsequente Entscheidung steht an
Hochzeit	Du befindest dich in einer schicksalhaften Lebensphase
Höhe	Erfolg
Holz	Bodenständigkeit und der Weg zum Licht im Alltag
Holzhobel	Du bist am Ziel
Holzlöffel	Du profitierst von deiner Weisheit
Holzwurm	Unsicherheit
Honig	Heilsame Energie
Hörner	Stärke
Huhn	Fürsorge
Hund	Spüre genau, wo es für dich hingehen soll
Hund, ägyptisch	Alte Fähigkeiten erwachen
Hund, angriffslustig	Achte darauf, wem du vertraust
Hund, freundlich	Freundschaft
Husten	Äußere, was dir auf der Seele liegt
Hut	Du wirst beschützt
Hütte	Bringe Licht ins Innere

I	Igel	Eigene Weisheit
	Igel, mit Apfel darauf	So, wie du lebst, kannst du dich wunderbar entwickeln
	Igel, weiß	Eine Aufgabe kommt auf dich zu
	Ikone	Du bist reif für eine weitere Stufe der geistigen Fähigkeiten
	Indianer	Schamanische Heilkraft
	Insekten	Die Antworten auf deine Fragen liegen im tiefsten Inneren
J	Jakobsmuschel	Das Heilige findet dich im Kern deines Inneren
	Jesus	Die Kraft der Hoffnung
	Jesus, mit Kreuz auf dem Rücken	Deine Schwere löst sich auf
	Joch	Werde den äußeren Druck los
	Joch, mit Wassereimer	Du heilst dich, legst deinen Schmerz ab
	Johannisbeerstrauch	Fühle dich in dir zu Hause
K	Käfer	Suche nach inneren Schätzen
	Kaffeebohne, braun	Du empfängst Stärken
	Kaffeebohne, weiß	Genuss
	Kaktus	Grenze dich von Dingen ab, die dich behindern
	Kaminbesteck	Es lohnt sich, für ein schönes Ziel zu arbeiten
	Kamm	Karmischer Weg
	Känguru	Bringe die Kräfte ins Gleichgewicht
	Kanu	Besinne dich auf deine Ahnen

Kapuze	Lass dich von Zweifeln nicht zudecken
Karneval	Freude und Gelöstheit
Karo	Du erlangst dein Gleichgewicht
Kasse	Vollziehe deine Aufgabe
Kastanienschale	Pflege dein Inneres
Katalog	Suche dir eine Aufgabe
Katze	Wissen
Katze, eigene, die sich angenehm anfühlt	Lichtvoller Schutz
Katze, fremde, die sich unangenehm anfühlt	Lass angstvolle Gefühle los
Katze, schwarz, mit weißem Hals	Du bereitest dir einen Weg des Wissens
Katze, weiß	Altes Wissen offenbart sich
Kelch	Du empfängst heilige Kraft
Kellerassel	Lass Vergangenes ruhen
Keramik	Kreativität
Kerze	Entwicklung
Kerze, ausgepustet	Lass Ängste los
Kerze, brennend	Ewiges Licht im Menschen
Kerze, Taufkerze	Erneuerung
Ketten, aus Eisen	Lass dich nicht aufhalten
Ketten, hell	Du hast dich befreit
Kind	Selbstbejahung
Kind, ertrinkend	Heile deine Wunden

Kind, strahlend, fröhlich	Sei in deiner Freude
Kinder, die malen	Großzügiges, weiches Herz
Kinderspielzeug	Betrachte die Welt mit Kinderaugen
Kinderwagen	Wunscherfüllung
Kirche	Du trägst Gott in dir
Kirchturm	Das Geistige
Kirschen	Du bist reif, dein Glück zu finden
Kissen	Nimm das Leben leicht
Klassenzimmer	Finde dich in dir selbst
Kleeblatt	Das Glück ist an deiner Seite
Klette, Pflanze	Lass dich nicht aufhalten
Koalabär	Schüchternheit
Kochtopf	Finde natürliche Stärken in deinem Inneren
Koffer	Du bist auf dem Weg
Kompass	Der Weg wird dir gezeigt
König/in	Du bist der Dirigent deines Lebens
König/in, auf Thron sitzend	Selbstsicherheit
Kopfschmuck, volkstümlich	Du wirst sehr viel Neues im Alltag erfahren
Korb	Sammle Kraft
Korb, aus Geflecht	Handle nach deinen Überzeugungen
Korb, aus Holz	Nimm nur das an, was echt und nachvollziehbar ist
Korb, aus Metall	Lerne, mit den Dingen umzugehen

Kork	Ehrlichkeit, Lebendigkeit
Körper, menschlich	Du bist auf deinem Entwicklungsweg
Körperbehinderung	Segnung wird benötigt
Kosmos mit Planeten, die sich bewegen	Inneres Studium
Kosmos mit Sternen	Der Himmel hilft dir, dich zu ordnen
Krähe	Du kannst dein altes Wissen umsetzen
Krankenhaus	Abstand zu den Dingen wahren
Krankenhausliege	Vergiss das vergangene Leid
Krankenschwester	Du kannst den Menschen helfen
Krankenwagen	Hilfeleistung
Kranz	Inneres Wachstum
Kräutergärtchen	Du hast Heilwissen in dieses Leben mitgebracht
Kreis	Du bist vollkommen und auf dem richtigen Weg
Kreis, farbig	Entfaltung
Kreis, schwarz	Trauer, Schwere
Kreis, weiß	Erkenntnis
Kreuz	Verbundenheit mit dem Höheren
Kreuz mit Querbalken in der unteren Hälfte	Lass die Schwere los
Kreuz mit zwei gleich langen Balken	Karmische Heilung
Kreuz, wie zwei horizontal und vertikal aufeinandergelegte Lemniskaten	Lichtkraft in ihrer Unendlichkeit

Kreuz, keltisch	Göttlicher Fluss und Kraft
Kreuz, lichtvoll auf der Brust	Du hast eine Aufgabe am Menschen
Kreuz, rot	Deine Hilfe wird von den Menschen benötigt
Kreuz, umhüllt von einem Kreis	Schutz im Gleichgewicht
Kreuz, weiß	Inneres Urvertrauen
Kreuzung	Schau alles bewusst an
Krippe	Neues Wunder
Kristall	Das Wissen der neuen Zeit
Kristallzwerge	Neues Wissen aus der Natur
Krokodil	Du bekommst die Souveränität, auch alte Sachen zu überwinden
Krone	Würde
Krone, violett	Selbstwertgefühl
Küken	Sensibilität
Kunststoff	Lass dich nicht verfälschen
Kupfer	Heilessenz
Kürbis	Geistige Rituale
Kurve	Es dauert seine Zeit
Kuss	Liebe dein Inneres
Kutsche	Dein Weg wird dir leicht gemacht
Labyrinth	Selbstfindung
Lagerfeuer	Freundschaft und Liebe: Du darfst vertrauen
Lagerfeuer, mit Trommeln	Schamanische Heilkraft

L

Lametta	Etwas wird dir offenbart
Lamm	Gnade
Lanze	Führende Kraft
Lastwagen	Es eröffnen sich neue Wege
Laterne	Dein Licht geht auf; Weg zur inneren Harmonie und zum Frieden
Lava	Starke Fähigkeiten
Leiche	Ein Neubeginn
Leiter	Geh entschlossen voran
Lemniskate	Inneres Gleichgewicht
Lemniskate, als Lichtsäule	Verbinde dich mit dem Liebevollen
Lemniskate, hinter einem Menschen	Erinnere dich daran, welche Fähigkeiten du mitbringst
Lemniskate, liegend	Du bist geschützt und sicher
Lemniskate, links von einem Menschen	Lass dich in deine Fähigkeit emotional ganz hineinfallen
Lemniskate, rechts von einem Menschen	Setze deine Fähigkeit praktisch um
Lemniskate, stehend	Aufrichtung zum Himmel
Lemniskate, vor einem Menschen	Lass deine Fähigkeiten zu
Leuchtturm	Betrachte das Leben etwas genauer
Libelle	Verwandlung
Lichtkugel	Das Göttliche ist bei dir
Lichtpunkte	Die Lichtkanäle öffnen sich

Lichtstab, der zum Himmel führt	Die lichtvolle geistige Welt übergibt dir eine Fähigkeit
Lichtstrahl	Du hast eine starke innere Anbindung
Lichtung	Geistige Gabe
Löffel	Schöpfe aus dem Leben
Lorbeerkranz	Einweihung
Löwe	Du kannst dich durchsetzen
Luftmatratze	Erholung
Madonna, Träne	Du kannst andere heilen
Madonna, betend	Empfange die Botschaft im Herzen
Maikäfer	Heiligkeit
Malen	Dir fällt das Lernen leicht, weil du gut beobachtest
Mann, alt	Du findest deine Lösung
Mann, jung	Innere Begrenzungen auflösen
Männer und Frauen in volkstümlichen Trachten	Für dich ist Kulturreichtum sehr wichtig
Maria	In deiner inneren Ruhe schlummern weibliche Kräfte
Maria, mit Jesuskind	Geborgenheit und Verständnis
Marienstatue	Trost
Maske	Verbirg deine Schönheit nicht
Mauer	Du musst nichts abwehren
Maulwurf	Versteck dich nicht
Medaille	Du wirst vom Leben belohnt
Meer	Freiheit

M

Meerjungfrau	Du kannst Naturwesen sehen
Menschen	Begegnungen
Menschen, bekannte	Widerspiegelung des eigenen Ichs
Menschen, ungekannte	Suche deinen Weg
Messer	Das Alte geht vorbei, damit Neues beginnen kann
Messer und Gabel	Nähre dich geistig
Meteorit	Schnelle Entwicklung
Metermaß	Du bist auf eine neue Aufgabe vorbereitet
Michael, Erzengel	Er unterstützt dich
Möhre	Du erntest das, was du gesät hast
Mönch	Innere Erinnerung
Mönchskutte	Religion ist eine Hilfe für dich, aber nicht deine Persönlichkeit
Mond, Halbmond	Du bist bereit, deine geistige Kraft zu nutzen
Mond, Vollmond	Du sammelst Kraft
Mondlandschaft	Öffne dich für neue Möglichkeiten
Mondsichel	Die heilende Kraft beginnt in dir
Mörser	Veränderung
Mosaik	Ein schönes Geheimnis
Moschee	Erfreue dich an deiner Herzlichkeit
Motorboot	Vorwärtstreibende Kraft
Möwe	In sich ankommen
Müll	Wirf alte Last weg

	Mülltonnen	Ordne dein Leben
	Mund	Teile dich mit
	Münzen	Achte auf deine Ausgaben
	Muschel	In dir ist die Weisheit des Lebens
	Musik, Noten	Kreativität im Alltag
	Muslimisches Symbol	Entwickelte Heilkräfte
	Mutter	Erwecke deine Weiblichkeit, dein Vertrauen
	Myrrhe	Du bist mit dem Leben im Fluss
N	Nachthimmel mit funkelnden Sternen	Du bist in der Lage, aus vollem Herzen zu heilen
	Nagel aus Stahl	Triff die stimmige Entscheidung
	Natur	In dir überwiegen die schamanischen Kräfte
	Naturwesen	Du hast hellseherische Kräfte
	Nebel	Gestalte dein Leben harmonisch
	Nüsse	Geistiges Wissen
	Nüsse, drei Stück	Deine Wünsche werden wahr
	Nüsse, Haselnüsse	Innere Wünsche
	Nüsse, Walnüsse	Intellektuelle Kraft
O	Ohrring	Gesegneter Neubeginn
	Ohrstecker	Du hast dich für das Richtige entschieden
	Öllampe	Gespeichertes Wissen
	Ölzweig	Weisheit
	Om-Zeichen	Gottes Kraft strahlt durch dich

	Orangen	Gesammelte Erfahrungen
	Ortsschild	Öffne dein Herz
P	Päckchen	Eine Aufgabe wurde dir übertragen
	Palme	Sei zufrieden mit deiner Gegenwart
	Panther	Du setzt etwas in Bewegung
	Panzer, Fahrzeug, aus Stahl	Hör auf zu kämpfen
	Panzer, Fahrzeug, aus Stein	Befreie dich
	Papagei	Nutze dir angeeignetes Wissen
	Papagei, bunt	Vertraue auf das, was du kannst
	Papagei, weiß	Eine außergewöhnliche Form von Weisheit
	Papiergeld	Erfolg
	Paradiesvogel	Du begreifst die Schönheit des Lebens
	Parkhaus	Komm in dir an
	Pegasus, fliegendes Pferd	Folge deinem inneren Ruf
	Pentagramm, Spitze nach oben	Nutze deine geistigen Fähigkeiten
	Perle	Du hast starke geistige Kräfte
	Perlenkette	Nutze deine Lebenserfahrungen
	Perlenkette, gerade liegend	Du bist flexibel und siehst überall Möglichkeiten
	Perlenkette, golden	Du befreist dein Leben und Gott in dir
	Perlenkette, offen	Du suchst deinen Weg zum Lebenssinn
	Perlenkette, schwarz	Du trägst magisches Wissen aus der Vergangenheit in dir

Pfau	Würde
Pfauenfeder	Nutze die Heilkraft der Natur
Pfauenrad, weiß	Nutze die Heilkraft der Engel
Pfeife	Teile dich mit
Pfeil	Du bist auf dem richtigen Weg
Pferd	Du besitzt Stärke und Selbstvertrauen
Pferd, blau	Schöpfe Energie aus der Kraft der Ruhe
Pferd, braun	Lerne, mit deiner Kraft umzugehen
Pferd, feurig	Du bist bereit für die Lösung
Pferd, golden	Nutze deine Stärke
Pferd, mit Kutsche	Folge dem Weg, den du eingeschlagen hast
Pferd, schwarz	Ordne dein Leben
Pferd, weiß	Spirituelle Kraft
Pfirsich	Innere Reife und Schönheit
Pflanzen aus dem Garten	Fruchtbarkeit
Pflaster	Du wirst geheilt
Pflaume	Sei offen für neue Eindrücke
Pfosten	Entwickle neue Denkweisen
Pilze	Lass Vergangenes hinter dir
Pinguin	Der Himmel möchte dir eine neue Perspektive eröffnen
Pinsel	Lerne und verstehe
Pirat	Überdenke deine Ziele
Pistole	Gib den Ängsten keine Macht
Plakat	Die geistige Welt kommuniziert mit dir

Planet Erde	Zeige großes Interesse am Leben
Polypen, verstopfte Nase	Lass alte Erinnerungen los
Portemonnaie	Du wirst Fülle erfahren
Prinzessin	Harmonie ist für dich existenziell
Prinzessinnenkrone	Selbstwürde, Selbstbewusstsein, Selbstliebe
Professor	Lernbedürfnis
Propeller	Lass die göttliche Energie an dir arbeiten
Puderzucker	Mach dir das Leben angenehm und leicht
Puttenengel	Neue Ideen und Einsichten
Pyramide	Du bist im Gleichgewicht deiner Kräfte
Q Quadrat	Umsetzung einer Aufgabe im Alltag
R Rabe, weiß	Altes Wissen wandelt sich in neues, modernes
Rassel, Spielzeug	Geh spielerisch mit Begegnungen um
Ratte	Sei aufmerksam
Rauchzeichen	Hol dir Hilfe »von oben«
Raum	Erinnere dich an deinen geistigen Auftrag
Raum, darüber schwebend	Starke Sensibilität
Raum, darunter stehend	Lass dich nicht erdrücken
Raum, davor stehend	Trau dir den nächsten Schritt zu
Raum, dunkel	Verschaff dir einen Überblick

Raum, lichtvoll	Lass dich vom Urvertrauen führen und empfange deine Lehren
Raupe	Verwandlung
Raute	Zentriere dich
Rechteck	Die geistige Welt bereitet eine Aufgabe für dich vor
Regen und Donner	Unterschätze dich nicht
Regenbogen	Du wirst auf deinem Weg besonders erfolgreich sein
Regenschirm	Du erhältst Schutz
Regentropfen	Das Neue ist bereits da
Regenwald	Ein Weg zur Fülle tut sich auf
Reh	Anmut
Reifen	Schreite voran
Reifen, brennend	Wandlung
Reifen, Lkw	Dir steht nichts im Weg
Reifen, weiß	Ein guter Weg
Reißverschluss	Du entfaltest deine Kraft
Rennauto	Du bist konkurrenzfähig
Ring	Nimm dich an
Ring, Ehering	Frieden mit sich und Selbstfindung
Ring, weiß	Viele kleine Ereignisse fügen sich zu einem großen Ganzen
Ritter	Innerer Schutz
Ritter, mit Schwert nach unten	Im friedvollen Handeln liegt die Kraft
Ritterhelm	Der geistige Schutz war immer da

Rohr des Lichts vom geistigen Kanal	Du hast deine geistige Anbindung geschafft
Röhren	Werde dir deiner Möglichkeiten bewusst
Rosenkranz	Du bist ein Diener des Lichts
Rosette	Du hast deine Herzensquelle gefunden
Rotkäppchen	Du bist nicht hilflos
Rotkehlchen	Tanke Kraft aus der Natur
Rotwein	Lebensfreude
Rutschbahn	Zielstrebigkeit
Salamander	Schamanische Heilkraft
Samt	Du bist beschützt
Sand	Erkenne das Schöngeistige im Alltag
Sandstrand	Du bist in dir angekommen
Sanduhr	Du schaffst es, alles zu seiner Zeit zu lernen
Sarg, geschlossen	Verabschiede, was nicht mehr zu dir gehört
Sarg, offen	Eine neue Idee
Säule	Du gehst einen geradlinigen Weg
Schachbrett	Weiterentwicklung deiner Persönlichkeit
Schäfchen	Gott schenkt dir etwas
Schale	Fülle
Schatz aus Gold	Die göttliche Kraft
Schaukel	Nimm das Leben gelassen
Schein, golden	Nutze die geistige Heilkraft
Schere	Reflektiere, wovon du dich trennen musst

S

Schiff	Sammle Kraft für deinen Weg
Schild	Beachte die Zeichen
Schildkröte	Weisheit
Schimmelpilze	Mit dem Alten aufräumen
Schirmchen	Individuelle, persönliche Kenntnis
Schlange	Du schöpfst Positives aus deinem Wissen
Schleier, dunkel	Verschließe dich nicht
Schleier, lichtvoll	Besonderer Schutz
Schleier, Brautschleier	Denke langfristig
Schleife	Mach dir ein Geschenk
Schleife, rot	Eine Überraschung
Schleim	Achte auf die Klarheit in deinem Leben
Schloss	Sicherheit
Schloss, aus Eisen	Entwickle dich
Schloss, golden	Göttlicher Schutz
Schloss, silbern	Du bist gesegnet
Schloss, weiß	Neues Wissen entwickelt sich
Schlüssel	Sei offen für Lösungen
Schlüssel, aus Eisen	Formuliere deine Wünsche
Schlüssel, golden	Du hast Aufgaben vom Höchsten erhalten
Schlüssel, silbern	Dein Vorhaben ist gesegnet
Schlüsselschloss	Öffne dich bewusster für deine Gaben
Schmetterling	Leichtigkeit und Schönheit des Lebens
Schnecke	Du brauchst eine gewisse Zeit

Schneckenhaus	Du verstehst es, die Kunst des Lebens zu lernen
Schneeflocken	Alles entwickelt sich zum Guten
Schneemann	Fang immer von neuem an
Schokolade	Lebensfreude
Schokoladen-Nikolaus	Freu dich auf das, was vor dir liegt
Schrei	Löse dich von dem, was dir Angst macht
Schreibfedern	Ein kreativer Weg
Schreibmaschine	Aufgaben erwarten dich
Schrift	Du wirst eine Information erhalten
Schrift, golden	Das Tor des Wissens
Schuhe	Geh deinen Weg
Schuhe, aus Stroh	Einfachheit ist eine hohe Kraft
Schutzstein	Hoher Schutz
Schwalbe	Entwickle Weitblick
Schwamm	Du nimmst Wissen auf
Schwan	Innere Schönheit
Schwan, fliegend	Dein Selbstbewusstsein wächst
Schwanenflügel	Deine Zartheit braucht noch Schutz
Schwangerschaft	Deine Inspiration wird wachsen
Schweiß-Stirnband	Nimm deine Aufgaben in Angriff
Schwert	Besinne dich auf deine geistige Macht
Schwert, nach oben zeigend	Hab den Mut, dich durchzusetzen
Schwert, nach unten zeigend	Kämpfe nicht, bewahre deinen inneren Frieden

Schwimmbecken	Suche nach Möglichkeiten
Sechseck aus Dreiecken	Du erreichst dein Ziel
See	Neue Möglichkeiten
See, sanft bewegt	Die jetzige Situation ist stimmig
See, stürmisch	Du musst Entscheidungen treffen
Seemann	Du bist dein eigener Kapitän
Seepferdchen	Innerer Zauber
Seerobbe	Du hast eine sehr zarte Seite
Seestern	Lebe die Fülle deiner Stärken
Segel	Schreite voran
Segelschiff	Mach dich auf den Weg
Seidentuch	Nichts steht dir im Weg
Seifenblase	Lichtvolle Überraschung
Seil, geht nach oben	Nimm die Hilfe an
Sensenmann	Sei bereit, Schwere und Trauer loszulassen
Sessel	Ruh dich aus
Sexualität	Löse Spannungen
Sexualität, mit schweren Gefühlen	Löse innere Blockaden
Sexualität, mit wohltuenden Gefühlen	Sei unverkrampft
Sexualität, sich nackt sehen	Achte auf die Gesundheit
Sichel	Sei achtsam
Siegerpokal	Du selbst bist ein Gewinn

Silber	Dein Weg ist lichtvoll und gesegnet
Silberschnur	Du bringst Menschen auf den Weg
Singen	Selbsterkenntnis
Sitzbank	Lass dir Zeit
Skelett	Betrachte die Dinge von Grund auf
Skorpion	Sei entschlossen bei deinen Taten
Smaragd	Deine Fähigkeiten offenbaren sich
Sofa	Nimm dich nicht zurück, sondern handle
Soldatenhelm	Sturheit
Sonne	Inneres Aufblühen
Sonne, blau-violett	Geistige Erkenntnis
Sonne, gelb	Neue Kraft, Impulse, Kreativität
Sonne, golden	Die göttliche Kraft wächst in dir
Sonne, Mond und Sterne	Harmonische Zukunft
Sonne, weiß	Neue Dinge entstehen
Sonnenaufgang	Es wird dir vieles bewusst werden
Sonnenlicht	Du schöpfst daraus
Sonnenschirm	Es kommen erfreuliche Dinge auf dich zu
Sonnenuntergang	Komm zur Ruhe, erledige deine Aufgaben
Spargel	Du kannst dich auf deine Kraft verlassen
Spaten	Auf dich kommt einiges zu
Spatz	Du hast den Menschen etwas mitzuteilen
Speer	Treffsicherheit

Sphinx, Löwe mit Flügeln	Gottes Liebe strahlt in deiner Anmut
Spiegel	Lerne, auf dein eigenes Wissen zu hören
Spiegel mit drei Seiten, Schminkspiegel	Du sammelst Bewusstsein für Körper, Seele, Geist
Spielkarten	Geh spielerisch mit Situationen um
Spielzeug	Sieh die Welt mit Kinderaugen, humorvoll und verspielt
Spinne	Sorgen sind unnötig
Spirale	Erkenntnis
Spirale, nach oben	Öffne dich für deine Fähigkeiten
Spirale, nach unten	Setze deine Fähigkeiten um
Spiritueller Lehrer	Erinnere dich an deine eigene Kraft
Springbrunnen	Deine Heilkraft fließt
Spritze	Achte darauf, was dir wirklich hilft
Spukgeist	Trau dich, aus der Unwissenheit herauszutreten
Stab	Setze deine Vorhaben um
Stab, aus Holz	Handle mitfühlend und bodenständig
Stab, golden	Du bekommst Kraft
Stab, metallisch	Werde dir deiner Führung bewusst
Stab, silbern	Du wirst geführt
Stachelbeeren	Heilende Gabe im Geistigen sowie im Materiellen
Stacheldraht	Schenke deinen Zweifeln Beachtung
Stein	Achte auf dein inneres Wissen

Steinbock	Kraft der Veränderung
Steinmauer	Hab Vertrauen
Sterben	Lass Sorgen los, lebe deine Individualität
Stern	Du spürst deinen geistigen Weg
Stern, von Bethlehem	Geistige Führung
Stern, Davidstern, Judenstern	Friede und Gleichgewicht zwischen Himmel und Erde
Stern, dreidimensional	Die Spiritualität erwacht in dir
Stern, fünfzackig	Du hast hohe geistige Fähigkeiten
Stern, kristallfarben	Du darfst dein Wissen weitergeben
Stern, rot	Hohe Ideale
Stern, sechszackig	Deine Fähigkeiten erwachen
Stern, siebeneckig	Heilende Kräfte des Himmels wirken durch dich
Stern, umgedreht fünfzackig	Achte auf deine Kräfte
Stern, zwölfzackig	Innere Reinigung
Sternenkind	Freude heilt
Sternenwagen	Erinnere dich
Sterntaler	Du hast eine zauberhafte Art
Steuerrad eines Schiffs	Du steuerst dein Leben selbst
Stinktier, Skunk	Du weißt, gut für deinen Weg zu sorgen
Stirnband, gehäkelt	Du bist reif für deine Erkenntnis
Stock	Finde deinen Weg

Stock, weiß	Die himmlischen Kräfte fließen in dich hinein
Stöckelschuh	Die Weiblichkeit entfaltet sich
Storch	Neubeginn
Straßenschild	Dein Weg ist frei
Streifen	Löse dich
Strich, waagrecht, in der Mitte geschwungen	Spüre deine Intuition
Stricknadel	Du erschaffst etwas
Strommast	Es ergeben sich Kontakt und Austausch zu anderen Menschen
Stuhl	Nimm dir Zeit zur Besinnung
Stuhlgang/Kot	Finanzieller Zuwachs
Supermarkt	Du nimmst neue Dinge auf
Suppenkelle	Schöpfe aus der Reinheit
Surfbrett	Nutze deine Chance
Süßwasserperlen	Du wirst geführt
Swastika-Kreuz, entgegengesetzt drehend wie das Hakenkreuz, das alte keltische und tibetische Sonnenrad	Reinigt die Kräfte und befreit die Lebensenergie, Kraft des Loslassens

T

Tabakpfeife	Entspann dich
Tanker	Lebe Frieden vor
Tanne, blau	Verwandlung vom Irdischen ins Himmlische
Tanne, grün	Heilkräfte und Bodenständigkeit

Tannenzapfen-Männchen, Naturwesen	Die Kraft der Heilung und der Reinigung wirkt in dir
Tannenzweig	Große Verbundenheit mit der Natur
Tannenzweig, mit roten Schleifen	Du kannst alle mit deiner Heilkraft beschenken
Taschentuch	Du erhältst Beistand
Tau, Sportseil	Du erlebst eine wunderbare innere Entwicklung
Taube	Frieden
Taucherbrille	Manche Dinge wollen bis ins Tiefste betrachtet werden
Taufbecken	Du entwickelst deine geistigen Kräfte
Tautropfen	Das Göttliche zeigt sich dir
Teich	Finde deine Freiheit
Telefon	Die geistige Welt hat eine Mitteilung für dich
Teller, golden	Innerer Reichtum
Templerkreuz, wird an den Enden dicker	Karmische Verwandlung
Teppich	Du landest weich
Thron	Setz dein Wissen um
Tiefe	Überdenke deine Entscheidungen und dein Verhalten
Tiere aus der Bibel, wie Esel, Ziege	Rückbesinnung auf die geistige Herkunft
Tiger	Du begreifst schnell
Tor	Du öffnest dich
Torte	Du wirst vom Leben beschenkt

Totenköpfe	Blockiere dich nicht durch deine Ängste
Totenschädel	Du hast altes Wissen in dir
Traube	Reichtum, Fülle im Inneren
Treppe	Du kommst voran
Treppe, abgebrochen	Überdenke deinen Weg
Treppe, hinaufgehend	Der Erfolg ist nah
Treppe, hinuntergehend	Sei achtsam bei deinen Schritten
Trommel	Bereitschaft
Tropfen	Alles fügt sich
Turm	Zielstrebigkeit
Turm, aus Holz	Heilsame Lösung
Turm, aus Metall	Die Lösung liegt nah
Tunnel	Du bist auf dem Weg zum Ziel
Tür	Triff deine Entscheidungen
Tür, abgesperrt	Finde die Antwort in dir
Tür, offen	Tu den Schritt nach vorne
Türkranz	Öffne dein Herz
Türschloss	Entwickle Mut und Vertrauen
Uhr	Die Zeit ist reif zum Handeln
Uhr, Kuckucksuhr	Achte auf dein Zuhause
Uhr, Spieluhr	Behütetes Zuhause
Uhr, Wecker	Freu dich jeden Tag aufs Neue
Uhu	Du hast viel Erfahrung
Unke, Naturwesen	Lache über deine Unsicherheiten

U

V	Vater	Mut; du bist stark genug, dein Leben zu meistern
	Verrat	Besinne dich ganz besonders intensiv auf dein Vertrauen
	Vogel	Freiheit
	Vogel, der Blüten bringt	Gaben und Freuden des Himmels
	Vogel, im Käfig	Schutz und Geborgenheit
	Vogel, golden	Göttliches Wissen fliegt dir zu
	Vogel, groß	Unterschätze dich nicht
	Vogel, klein	Leichtigkeit, Freiheitssinn
	Vogel, rot-gold	Ein Wunder wird geschehen
	Vogel, schwarz	Alles Schwere fällt von dir ab
	Vogel, violett	Verbinde dich mit den lichtvollen Welten
	Vogel, weiß	Du weißt um geistige Zusammenhänge
	Vogelnetz	Du wirst behütet
	Vogelschwarm	Erhebe dein Haupt und glaube an das Licht
	Vorbilder, z. B. Lady Diana	Glaube an dich
	Vorhang	Trau dich
	Vulkan	Selbsterkenntnis
W	Waage	Komm in deine Mitte
	Wal	Innere Stärke
	Wal, weiß	Du bist eine führende Persönlichkeit
	Wald	Versuche, dir Durchblick zu verschaffen
	Waldstück	Du wirst ein Hindernis überwinden

Waldweg	Es gibt noch etwas zu tun
Walnuss	Du sammelst Wissen
Walzer	Die Lebensfreude kehrt zurück
Wand	Lerne aus dem, was auf dich zukommt
Wanderer	Du bist immer auf der Suche
Wanderschuhe	Der Weg liegt vor dir
Wäscheleine	Schätze das, was du hast
Waschlappen	Durchschau die Dinge
Wasser	Heilender Fluss
Wasser, darin schwimmen	Du bist frei
Wasser, lehmig	Geh den heilenden Weg
Wasser, sauber	Reinigung, Erleuchtung, Erfolg
Wasser, schmutzig	Sei wachsam
Wasserfall	Große heilende Kraft
Wasserfluss aus weißem Licht, Milchstraße	Veränderungen werden kommen
Wassergeist, Naturwesen	Die Kraft der Heilung und der Reinigung wirkt in dir
Wassermann, Naturwesen	Du hast die Kraft zu heilen
Wasserschloss	Du kannst die Menschen mit der Natur verbinden
Wasserstrudel	Empfange das Licht
Wassertropfen, gefroren	Äußere deine Meinung

Wasserwelle	Hör auf dein Gefühl
Watte	Du wirst vom Leben immer gut aufgefangen
Wecker	Es wird Zeit, zu handeln
Weg	Besinne dich auf deine Zukunft
Weg, der sich entwickeln möchte	Formuliere deine Wünsche
Weg, gerade	Erfolg und Klarheit
Weg, kurvig, sich schlängelnd	Überdenke deine Entscheidungen
Wegkreuzung	Du entscheidest dich für deinen Weg
Weiher	Ruhe in dir, warte ab
Weihnachts-Elch	Güte, Großherzigkeit
Weihnachtsdekoration	Geistige Stärke
Weihnachtskutsche	Du bist ein Überbringer des Guten
Weihrauch	Lass dich beschenken
Weinberg	Lebensfreude
Weinen	Große innere Freude
Weintrauben, saftig, grün	Feiere das Leben
Weizen	Du förderst das Wachstum anderer Menschen
Weizenfeld	Du wirst den Menschen viele Impulse geben
Weltkugel	Du hast die Kraft, die Welt zu beschenken und zu heilen
Weltraumrakete	Positive Entwicklung

	Wendeltreppe	Du wirst Erkenntnisse gewinnen
	Wiege	Inneres Gottvertrauen
	Wiese	Du kannst das Leben leichter nehmen
	Wildgans	Befreie dich von Pflichten
	Wolf	Du wirst Wissen erlangen
	Wolken, weiß	Verträumtheit
	Wolldecke	Hülle dich in Selbstliebe ein
	Wolle	Du bist geborgen
	Würfel	Du erhältst geistige Botschaften im Alltag
	Würmer	Such die Balance
	Wurzel	Heilung der Vergangenheit
	Wüste	Lass los und beginne neu
Y	Yin-Yang-Symbol	Du kommst ins Gleichgewicht
Z	Zähne	Emotionale Stärke und körperliche Kraft
	Zähne von Menschen	Reichtum
	Zähne von Tieren	Alte schamanische Kräfte wollen in dir erwachen
	Zahnlosigkeit	Schenke deinen Ängsten Beachtung
	Zange	Du wirst es schaffen
	Zauberhut	Alles ist möglich
	Zaubervogel	Gib dein Wissen weiter
	Zaun	Selbstschutz
	Zecke	Es besteht keine Gefahr
	Zen-Garten	Schaffe Ordnung im Inneren
	Zepter	Göttliches Wissen

Ziehbrunnen	Das Unsichtbare liegt im Sichtbaren
Ziehharmonika	Entfalte deine Kräfte
Zigeunerwagen	Der Weg geht weiter
Zirkus	Das Leben ist vielseitig
Zirkusäffchen	Du bist dazu da, die Menschen zu erfreuen
Zitrone	Grüble nicht
Zitrone und Apfelsine an einem Baum	Frische Lebenskraft erfüllt dich
Zopf, als Lichtsäule	Kreativität
Zopf, dick und angenehm	Du hast individuelle Stärken in dieses Leben mitgebracht
Zopf, dick und schwer	Löse dich von der Vergangenheit
Zucker	Koste die Süße des Lebens aus
Zug, Fahrzeug	Eine Reise steht dir bevor
Zwerg	Du hast besondere Wahrnehmungsfähigkeiten

Einige Beispiele für die Aussagekraft der Schutzengel durch ihre Darstellungsformen:

Schutzengel

in goldenem Licht mit Krone	Du hast eine heilende göttliche Gabe
im geschmückten Lichtkleid	Du hast die Gabe zur Heilung
in großem weißem Licht	Du hast grenzenlose Kraft
in weißem Glanz	Du stehst vor einer Erkenntnis
wie eine Nonne	Du bist schlicht und rein
funkelt in violetter Kraft	Du hast sehr viel Urvertrauen
hat auffallende Augen	Heile, und du wirst geheilt werden
hat Tränen	Löse deine Unsicherheiten
hält geöffnete Hände nach oben	Empfange die göttliche Kraft
betet	Horche in dein Inneres, in deine Wünsche hinein
strickt	Gönne dir Erholung
trägt eine Kugel und ein Christuskreuz	Trage Hoffnung an die Menschen heran
trägt eine silberne Krone	In dir liegt viel Segen
mit Matrosenkappe	Du fühlst dich noch nicht als Kapitän deines Lebens
mit violettem Stab	Die Engel lehren dich, aus himmlischer Sicht zu wirken
mit Rosenschmuck im Lichtgewand	Viele Fähigkeiten sind in dir angelegt
legt seinen Umhang um dich	Du hast besonderen geistigen Schutz

im goldenen Licht	Du hast eine göttliche Gabe, nutze sie
steht vor dir	Es geht um deine Zukunft
tanzt vor dir und durch dich hindurch	Nimm das Leben mit Leichtigkeit
hält seine Hände an deine Ohren	Setz dich mit dem Leben auseinander
singt mit aufgerichteten Armen	Du hast einen eigenen Zugang zu den geistigen Welten
steht hinter dir	Vertraue auf die Zukunft
wie eine griechische Säule	Du besitzt altes spirituelles Wissen
hält einen goldenen Spiegel	Lerne, mit deinem göttlichen Wissen umzugehen
hat weiße Spitzen wie ein Brautschleier	Sei für dich da
versteckt sich hinter dir	Entscheide dich
ist riesengroß	Du nimmst alle Impulse in dich auf
wie eine große Rose	Du findest deine Erfüllung
hält deine Hand	Spüre Vertrauen
trocknet deine Tränen	Nimm die Hilfe der Engel an
umarmt dich	Lass dich innerlich fallen
wie eine schwingende Säule	Die Inspirationen sind überall
ist mit deinen Zehenspitzen verbunden	Du findest zu deiner Kraft
wie Amor mit Pfeil und Bogen	Deine Ziele sind stimmig
unter deinen Füßen	Sieh durch die Materie in die geistige Wirklichkeit

wie herausgeputzt	Erkenne dich
hat Symbole im Lichtgewand	Kommuniziere aus deinem Herzen
schräg stehend	Gewinne Sicherheit
mit blauem Gürtel und schlichtem Gewand	Du hast die Kraft der inneren Ruhe für geistiges Schauen
mit großem Geschenk und Schleife	Du wirst beschenkt werden, nimm es an
mit Umhang mit weißen Symbolen	Du meisterst dein Leben
kniet und stopft Socken	Alte Gedankenmuster haben ausgedient
hält ein Einhorn in seinen Händen	Du bist ein geistiger Lehrer
hält dich an deinen Schultern	Du empfängst Unterstützung
hat dunkelviolette Ringe in der Brust	Du lernst, dein Leben zu meistern
im blauen Licht	Achte auf deine innere Ruhe
wie ein »Harvard«-Student	Du hast intellektuelle Stärke
gießt Wasser über dich	Du gewinnst Erkenntnisse
bemalt dein Scheitelchakra	Werde dir der geistigen Botschaften noch mehr bewusst
wie ein Ritter mit Schutzschild	Kämpfe nicht, du hast den nötigen geistigen Schutz
wie in Mariengestalt	Dein Herz ist voller Liebe und Vergebung
wie eine Sanduhr	Du reifst heran
hält deinen Puls	Spüre deine Lebendigkeit
hält ein Plakat vor dir	Lerne geistige Kommunikation

strahlt wie eine Kerze	Bewahre dir die geistige Anbindung
in elfenhafter Gestalt	Trage Freude an die Menschen heran
hält Blumenstrauß vor dir	Nimm die Liebe an
im grünen Lichtgewand	Deine Heilkräfte entwickeln sich
hält ein Häuschen in der Hand	Es steht ein Neubeginn an
strahlt sein Licht in dein Herz hinein	Empfange die Kraft
legt dir seine Hand aufs Herz	Hab Vertrauen
hüllt dich in ein zartes Seidentuch ein	Du brauchst viel Schutz und Geborgenheit
trägt in seiner Hand eine weiße Glocke	Du erwachst für eine neue Aufgabe
legt dir die Hand auf deine Schulter	Bewältige die Aufgaben mit geistiger Hilfe
hält seine Hand über deinem Kopf	Spüre deine geistige Anbindung
kniet vor dir und legt seine Hände in deine	Verbinde dich mit dem Licht
steht wie ein Wanderer	Mach dich auf den Weg
übergibt dir einen Briefumschlag	Nimm die Botschaften an
wie ein weißer Stern hinter dir	Dein altes, inneres Wissen offenbart sich

Die Darstellung der Engelflügel und ihre mögliche Bedeutung:

glatt	Öffne dich für das innere Spüren
wie aus Holz	Sei bodenständig und gelassen
wie aus Metall	Du entwickelst deine geistigen Kräfte
matt	Strahle mehr aus dir heraus
glänzend	Du bist aufrichtig und liebevoll
mit Federn	Die Kraft der Leichtigkeit ist dein
mit Pfauenfedern	Du besitzt schamanische Heilkraft
mit Augen	Du bist ein Heiler
ca. 45° nach hinten gestreckt	Entscheide dich
parallel nach hinten gestreckt	Überdenke deine Vorhaben
Flügel aus kristallfarbenem Licht	Du trägst das neue geistige Wissen in dir
Flügel mit Lichträndern	Entfalte dich

1. Die Liebe ist mit dir.

2. Du hast die Kraft, alles zu schaffen.

3. Nur Mut, du kannst es gut.

4. Wohin willst du gehen?

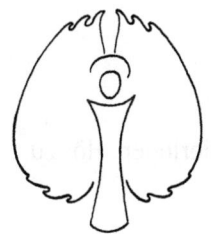
5. Strahle aus der größten Kraft.

 6. Tu das, was du tun willst.

 7. Halt. Betrachte die Situation.

 8. Du hast dich richtig entschieden.

 9. Besinne dich.

 10. Lass dir etwas beibringen. Hör zu.

11. Finde innere Ruhe.

12. Finde die Bereitschaft zu handeln.

13. Erhebe dich zum Höheren.

14. Schau, welche Gaben du hast.

15. Ergreife deine Möglichkeiten.

16. Bereite dich in Ruhe auf alles Weitere vor.

17. Entscheide dich, wohin du willst.

18. Gottes Kraft steht dir bei.

19. Die Engel wirken auf deinem Weg.

20. Lebe die Schönheit des Lebens vor.

21. Du kannst alles erreichen.

22. Dein Engel behütet dich.

23. Du trägst altes kosmisches Wissen in dir.

24. Nimm dich zurück; lehre deine Weisheit.

25. Tanze, das Leben ist leicht.

26. Du wirst deine Ziele erreichen.

27. Erlaube den Engeln, in deinem Leben zu wirken.

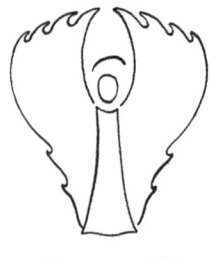
28. Du meisterst dein Leben.

29. Setze deine Fähigkeiten auf der Erde um.

30. Nimm dich zurück, sei weise.

Jana Haas

Schutzengel

Neun geführte Meditationen

Jana Haas zeigt, wie das Wirken der Schutzengel spürbar ist und wie sie jeden im Leben unterstützen. Über Gebete, Engelsymbole und ihre Bildersprache in Träumen kann man individuelle Botschaften und Antworten auf die wesentlichen Fragen erhalten. Die CD ist eine wertvolle Begleitung zu Jana Haas Engelbüchern.

Hinweise zur Autorin

Bisher erschienene Bücher, Karten und CDs von Jana Haas:

* *Engel und die Neue Zeit: Heilwerden mit den lichten Helfern.* Allegria Verlag Berlin
* *Jana Haas-Engelkarten* (44 Lichtbotschaften mit Anleitung). Allegria Verlag Berlin
* *Heilung mit der Kraft der Engel: Das Praxisbuch zum energetischen Heilen von Körper und Seele.* München 2009 (Knaur Verlag)
* *Erzengel und das neue Zeitalter: Ihre Kraft für persönliche Entwicklung, Beziehungen und Gesundheit nutzen.* Mit einer Meditations-CD. München 2009 (Knaur Verlag)
* *Mit den Engeln durch das Jahr: 365 himmlische Botschaften.* München 2009 (Knaur Verlag)
* *Schutzengelkalender 2011.* Mit den Engeln durch das ganze Jahr, Tag für Tag geführt und behütet.

* *Vortrag: Die 7 Erzengel,* CD 60', Eigenverlag (Bestellung siehe unten)
* *Vortrag: Himmel und Erde und deren Heilkraft,* CD 60', Eigenverlag
* *Vortrag: Das Jenseits: Aufstieg in den Himmel,* CD 60', Eigenverlag
* *Vortrag: Karma: Ursachen, Wirkungen und Loslassen aus geistiger Sicht,* CD 60', Eigenverlag

Über die Autorin

Kontakt Jana Haas
Adresse: Jana Haas, cosmogetic-institut, Hubenmühle 4,
D-88634 Herdwangen-Schönach;
Tel. +49-(0)7552-938399, Fax +49-(0)7552-938626
E-Mail: anna@jana-haas.de; Website: www.jana-haas.de